KB122594

쓰면서도 헷갈리는 SNS 맞춤법

쓰면서도 헷갈리는
SNS 맞춤법

1판 1쇄 발행 2018년 8월 16일
2판 1쇄 발행 2020년 3월 20일

글 이정은, 김나영   그림 강준구
펴낸이 김명희
책임편집 이정은   디자인 신병근, 김명희
펴낸곳 다봄
등록 2011년 1월 15일 제 395-2011-000104호
주소 경기도 고양시 덕양구 고양대로 1384번길 35
전화 070-4117-0120   팩스 0303-0948-0120
전자우편 dabombook@hanmail.net

ISBN 979-11-85018-71-3   13710

이 도서의 국립중앙도서관 출판예정도서목록(CIP)은 서지정보유통지원시스템 홈페이지
(http://seoji.nl.go.kr)와 국가자료종합목록 구축시스템(http://kolis-net.nl.go.kr)에서
이용하실 수 있습니다. (CIP제어번호 : CIP2020007143)

쓰면서도 헷갈리는

SNS
맞춤법

이정은 김나영 글 ㅣ 강준구 그림

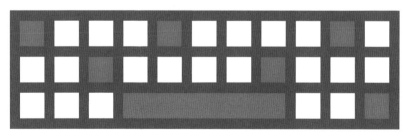

다봄.

차례

2단계 · 헷갈리면 곤란해

3단계 • 나 혼자만 알 거야!

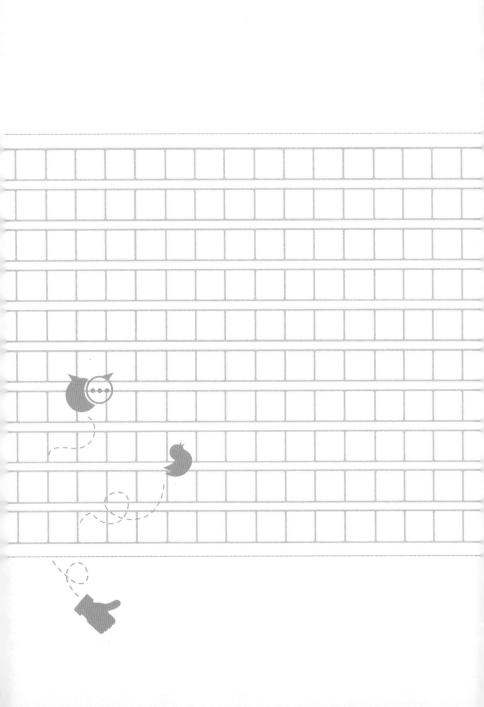

1단계

이것도 몰라?

'언팔'을 부르는 어이없는 맞춤법 실수

자기 SNS 소개 시간

JY Park

사람의 본성은 되풀됨되는 걸까...

대게 그런 것 같다...

감추려 해도 들어나 보이는 것...

너무 쉬운 맞춤법을 틀리는 사람을 보면
친해지고 싶은 마음 따위 줄어들기 마련이다.
별다른 이유 없이 SNS 팔로워 숫자가
하나둘씩 줄어들고 있다면
그동안 올린 글들을 확인해 보자.
있을 수도 없고 있어서도 안 되는
기초적인 맞춤법 실수가 널려 있을지도 모르니까.

"우리는 무뇌한이에요"

소년만세 · 2시간

SNS에 **무뇌한**이었던 저희 소년만세가 드디어 트위터를 만들었습니다! SNS 활동을 **승락**해 주신 저희 사장님께 감사드려욤~ 소년만세**에** 트위터 앞으로도 많이 기대해주세요!

 37　　 326　　♥ 218　　✉

소속사 사장님이 SNS 하지 말라고 했던 이유 중 하나가 맞춤법 때문일지도 모르겠다. 트위터에 이렇게 맞춤법 엉망인 트윗을 올리면 팬들이 하나둘 사라질 수도 있다는 사실을 명심하길.

무뇌한 ···▶ 문외한

'무뇌'는 말 그대로 '뇌가 없다.'는 뜻이다. 문외한(門外漢)은 어떤 일에 직접적으로 관계가 없거나 전문적인 지식이 없는 사람을 가리키는 말이다. 뇌가 없다고 자랑하고 싶은 게 아니라면 조심하자.

승락 ···▶ 승낙

멋대로 자음을 바꾸면 곤란하다. 상대방의 요구를 들어준다는 뜻의 단어는 '승낙'이다. '승낙(承諾)'의 '낙'은 '락'으로도 읽을 수 있는데, 같은 한자가 쓰일지라도 '허락'은 '락'이고 '승낙'은 '낙'으로 읽어야 한다.

소년만세어 ···▶ 소년만세의

정말 대표적으로 무식해 보이는 맞춤법 실수. 제발 '~의'와 '~에' 정도는 구분하도록 하자. 주어 뒤에는 관형격 조사인 '의'가 쓰인다. '에'는 장소, 시간, 원인, 수단, 목적, 배경 등을 나타내는 부사격 조사로 '집에 가자.', '치킨에 맥주'처럼 쓰인다.

"기달려 달라고 했잖아"

facebook

ihn Ha
3월 2일 오전 6:30 · 🌐

구지 할 필요 없는 말을 해 가며 나를 **가리키려** 했던 전 여친…… 너의 **괴변** 에 난 정말 지쳤다. **기달려** 달라는 내 말도 넌 무시했었지……. 도대체 내가 뭘 그리 잘못했니?

 좋아요 | 💬 댓글 달기   공유하기

당신의 페북이야말로 궤변 천지다! 아마도 지친 건 당신이 아니라 전 여친이 아닐까? 바로 엉망진창 맞춤법 때문에 말이다.

도대체 뭘 잘못했는지 모르겠다고? 그렇다면 차근차근 설명해 주겠다.

구지 ···▶ 굳이

전형적인 '들리는 대로 썼어요.' 케이스. 굳이 '구지'라고 써서 무식을 드러내다니 안타깝다. '구지'는 가락국 건국 신화에 나오는 '구지가'를 떠올리게 하는 말일 뿐이다.

가리키려 ···▶ 가르치려

손가락으로 물건을 '가.리.키.다'! 학생에게 공부를 '가.르.치.다!' 확실히 구분하여 쓰자. 간혹 두 단어를 합쳐서 '가르키다'라고 하는 사람도 있는데, 맘대로 지어 내지 말자.

괴변 ···▶ 궤변

물론 '괴변'이라는 말이 없는 것은 아니다. 괴상한 사고 또는 무너져서 모양이 바뀌는 것이 '괴변'이니까. 하지만 상대를 혼란시키려고 거짓말하는 것은 '궤변'이다. 그러니 이 상황에서 '괴변'이 맞는다는 '궤변'을 내세우지 말자.

기달려 ···▶ 기다려

달려? 왜 달려? 아무 데에나 ㄹ을 끼워 넣지 말자. '기다리다'가 기본형이지 '기달리다'가 기본형이 아니다. '자르다', '모르다'와 같이 어간이 '르'로 끝나는 경우에나 '잘라', '몰라'처럼 ㄹ을 덧붙일 수 있다.

"우리 회사로 와 주면 안되?"

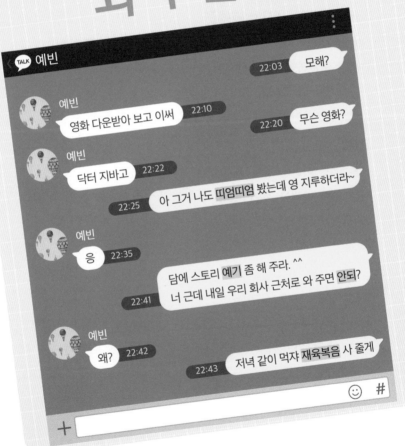

TALK 예빈

22:03 모해?

예빈
영화 다운받아 보고 이써 22:10

22:20 무슨 영화?

예빈
닥터 지바고 22:22

22:25 아 그거 나도 띠엄띠엄 봤는데 영 지루하더라~

예빈
응 22:35

22:41 담에 스토리 예기 좀 해 주라. ^^
너 근데 내일 우리 회사 근처로 와 주면 안되?

예빈
왜? 22:42

22:43 저녁 같이 먹쟈 재육복음 사 줄게

☺ #

+

띠엄띠엄 ⋯▸ 띄엄띄엄

적당한 간격을 두고 떨어져 있는 모양을 뜻하는 말은 '띄엄띄엄'이다. 이분, 맞춤법을 너무 띄엄띄엄 알고 계시네.

예기 ⋯▸ 얘기

무식 포텐 터지는 오타. '예기'는 화가 냈을 때 내는 감탄사이다. 더 세게 발음하면 '예끼!'이고. '이야기가 통한다.'고 할 때의 '이야기'의 준말은 '얘기.'

안되? ⋯▸ 안돼?

'안 돼'는 '아니+되어'의 준말. '안 돼'로 띄어 쓰는 게 맞다. 그리고 '-되'로 문장을 끝맺을 순 없는데, 왜냐하면 어미가 없기 때문이다. '되어'로 고칠 수 없다면 '-되'로, 고칠 수 있다면 '-돼'로 쓰자. 예를 들어 "그러면 안 되는 거야?"같은 경우 '안 되는'을 '아니 되어는'으로 고치면 말이 되지 않으므로 '-되'가 맞다.

재육 복음 ⋯▸ 제육 볶음

'제육'은 '돼지고기'를 뜻하는 한자어다. 고로 돼지고기볶음. 돼지의 정체성에 혼란을 불러일으키지 말자. 복음과 볶음도 헷갈리지 말자. 복음은 전하는 거고 볶음은 먹는 거다. 비슷하게 헷갈리는 단어로는 '떡볶이'가 있는데, 떡복이, 떡복기, 떡볶기 등은 틀린 말이다.

"무리를 일으켜 죄송합니다"

무리남 · 8분

저가 그동안 무리를 일으킨 점 죄송합니다. 앞으론 좀 더 주위를 기울이도록 하겠습니다.

↩ 2   ⇄ 13   ♥ 4   ✉

저기요...... 외국에서 살다 오셨어요? 진짜 한국어 사용에 큰 무리가 있어 보이시네요. 입에서 나오는 말 그대로 쓰는 건 참아 주시길. 주위 반응을 좀 살피고 반성합시다!

저가 ⋯▶ 제가

'나'를 '저'로 낮춘 것까지는 맞지만 일인칭 대명사 '저'와 조사 '가'는 같이 쓰지 않는다. '는'과 같이 써서 '저는'이라고 써야 한다. 예문처럼 주격 조사 '가'가 붙어야 하는 경우에는 '제'를 써야 한다.

무리 ⋯▶ 물의

대체 어떻게 해야 '무리'를 일으키는지? 사람들 입에 오르내리는 일 처리는 '물의'이다. 자신과 뜻을 같이 하는 사람들의 '무리'를 일으키기라도 했다는 말인가?

주위 ⋯▶ 주의

'주위'는 주변을 뜻하고, 마음에 새겨 두고 조심한다는 뜻의 단어는 '주의'이다. '주위' 말고 '주의'를 기울이자.

"문안한 스타일만 입어요"

facebook

Fashionist
11월 2일 오후 2:10 · 🌐

이번에 해외 직구로 산 아리마니 신상 데님 재킷. 평소 **문안한** 스타일만 입다가 **일부로** 작정하고 샀는데 **당췌** 주변 반응이 ㅠㅠ

| 👍 좋아요 | 💬 댓글 달기 | ➔ 공유하기 |

옷 쇼핑몰 후기 게시판에서 가장 흔히 볼 수 있는 맞춤법 실수, 문.안.해.요! 어르신께 문안 인사드릴 일 있나? 신상 입는 '멋남' 코스프레 하려다 되레 무식이 들통날 수 있으니 옷 자랑하기 전에 맞춤법부터 확인하자.

문안한 ⋯▶ 무난한

옷과 관련된 내용에서 심심찮게 보이는 '문안하다'는 가장 없어 보이는 맞춤법 실수 중 하나. '문안하다'는 웃어른에게 안부를 여쭙는다는 뜻이다. 설마 옷에게 문안 인사라도 드릴 생각은 아니겠지?

일부로 ⋯▶ 일부러

이렇게 쓰는 사람이 있다니 충격이다. 표준어는 일.부.러. '일부로'는 '전체의 한 부분으로서'라는 뜻으로 "그것은 내가 할 일의 일부로"처럼 쓰인다. 웃기고 싶어서 일부러 '일부로'라고 쓰는 게 아니라면, '일부로'는 넣어 두기를.

당췌 ⋯▶ 당초

이것 또한 정말 많이 틀리는데 표준어는 '당최'이다. '당췌'야말로 당최 어디서 나왔는지 모를 비표준어. 발음이 비슷하다고 해서 표기까지 그렇게 하는 것은 안 될 일이다. SNS에서 특히 많이 보이는데, 명심하자. '당췌' 아니고 '당최'이다.

"냥이를 줏어 왔어요"

robin · 15분

집 앞에서 울고 있는 냥이 **줏어** 왔어요 **2틀째** 있더라구
요. 아직 새끼 같은데 데려갈 집사님 안 계신가요?

↩ 6   🔁 **25**   ♥**10**

좋은 일을 하려는 건 기특한데 맞춤법이 엉망이라서 마음이 아프네.
바르고 예쁜 말로 글을 올리면 새로운 주인이 얼른 나서지 않을까?

줏어 ⋯▸ 주워

'줏어'로 쓰려면 기본형이 '줏다'여야 할 텐데, '줏다'는 표준어인 '줍다'의 옛말이자 방언이다. 표준어 '줍다'는 '주워', '주우니', '줍는' 등으로 활용 가능하다. 길냥이 보살피는 마음만큼 맞춤법도 착해지면 좋겠다.

2틀 ⋯▸ 이틀

이틀을 아라비아 숫자 '2'를 써서 '2틀'이라고 쓰면 상당히 해괴망측한 조합이 된다. '삼일'은 '3일'이라 써도 '이틀'은 '2틀'이 아니다. 재미로라도 쓰지 말자.

1단계 • 이것도 몰라?

"하마트면 클날 뻔했네"

facebook

Han Soo Kim
25분 · 🌐

팀장한테 까여서 **폭팔** 직전. 톡으로 신나게 까고 있었는데 뒤에서 팀장이 지 켜보고 있었다. 투명창으로 해놨기에 망정이지, **하마트면 클날 뻔.** ㅋㅋ 근데 혹시 팀장이 본 거면 나 **어떻해**……?

👍 좋아요　　💬 댓글 달기　　➜ 공유하기

아마 팀장이 당신의 메신저를 봤다면 더 심하게 까졌을지도 모르겠다. 엉망진창 맞춤법으로 자신을 욕하는 걸 보면 무척 한심해 보였을 테니까. 일도 못하고 맞춤법도 틀리고~!

22 • 쓰면서도 헷갈리는 SNS 맞춤법

폭팔 ⋯▶ 폭발

당신의 페북을 보는 사람들도 '폭발할' 지경이다. '폭'이라는 첫 글자 때문에 '발'을 '팔'로 많이들 발음하는데, 발음이 그렇게 된다고 해서 그대로 적으면 안 된다. '폭팔'이라는 말은 사전에 없으니 명심할 것.

하마트면 ⋯▶ 하마터면

흔히 틀리는 맞춤법. '하마트면'은 틀린 말로, '하마터면'의 북한어이다. '하마터면'은 '하마터면 ~할 뻔했다.'의 형태로 쓰이고, 위험에서 겨우 벗어났을 때 쓰인다.

어떻해 ⋯▶ 어떡해

진짜 어떻게 하면 좋을꼬. '어떻게 해?'의 준말은 '어떡해?'이다. '어떻해'라는 말은 존재하지 않으니 잊지 말자. 그런데 또 잊고 "어떻해"라고 쓰면 어떡해……?

"할 일 없이 야근 신세로군"

Workaholic · 10분

젠장, 바빠도 넘 바쁘다. 오늘도 할 일 없이 야근 신세로군. 이튿날도 마찬가지겠지. 야근 진짜 싫다. 야근하는 직원을 흐뭇하게 바라보는 사장은 더 싫다.

♥ 4

흐뭇하게 바라보던 사장도 아마 당신의 트윗을 보면 경악할 거다.

내용 때문이 아니라, 엉망진창인 맞춤법 때문에!

할 일 없으면 맞춤법 공부나 좀 하자.

할 일 없이 ⋯▶ 하릴없이

엥? 할 일이 없이 야근을 한다고? 바쁘다고 해 놓고 할 일 없다는 건 무슨 소리인가. 잘못된 맞춤법으로 뜻이 완전히 달라질 수 있으니 조심할 것. '할 일 없이'가 아니라 '하릴없이'이다. '어떻게 할 도리가 없이' 야근을 한다고 쓰고 싶은 거라면 말이다.

이튼날 ⋯▶ 이튿날

'이튼날'은 '이를 서로 튼 날'이라는 뜻인가? 맞는 말은 '이튿날'이다. 마지막 글자 '날'의 'ㄴ'에 영향 받아 앞 글자가 '튼'으로 발음되는 것뿐이다. 그리고 예문에는 '이튿날'이 아닌 '내일'이 맞다.

흐믓하게 ⋯▶ 흐뭇하게

흐믓? '므흣하다'와 비슷한 뜻인가? '므흣하다'와 마찬가지로 '흐믓하다'는 틀린 말이고, '흐뭇하다'가 맞는 말이다.

"완전 어의없어!"

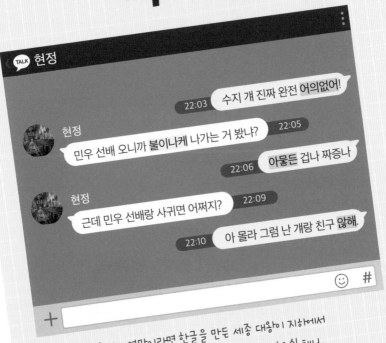

TALK 현정

22:03 수지 걔 진짜 완전 **어의없어**!

현정 22:05
민우 선배 오니까 불이나케 나가는 거 봤냐?

22:06 **아뭏든** 걔나 짜증나

현정 22:09
근데 민우 선배랑 사귀면 어쩌지?

22:10 아 몰라 그럼 난 걔랑 친구 **않해**.

☺   #

+

이 정도로 맞춤법이 엉망이라면 한글을 만든 세종 대왕이 지하에서
어이없어 하실 노릇이다. 어의는 세종 대왕께서 차려입으실 테니,
당신은 정신을 차리도록!

어의없어 ⋯⋯➔ 어이없어

'어의'는 임금이 입던 옷이다. 수지에게 임금이 입던 옷이 없다고? 이 게 무슨 말인가. 없는 게 당연한 일인데. '어처구니없다'와 같은 표현 은 '어이없다'. '어의'가 아니고 '어이'이다.

불이나케 ⋯⋯➔ 부리나케

어디 불이라도 났다는 말인지? 불이 나면 서둘러서 꺼야 하긴 하지 만, 그래도 없는 말을 만들지는 말자. '서둘러서 아주 급하게'라는 뜻 의 부사는 '부리나케'이다.

아뭏든 ⋯⋯➔ 아무튼

아무튼 대신에 어떻든, 어쨌든, 여하튼, 하여튼 중에서 뭘 써도 다 맞 다. 하지만 '아뭏든'이라는 단어는 틀렸다. 이 단어만큼은 소리나는 대로 쓰는 것을 두려워하지 말자.

않해 ⋯⋯➔ 안 해

두 번 말 안 하겠다. '않'은 '아니한'의 준말이고, '안'은 '아니'의 준말이 다. 그럼 '않해 = 아니한해', '안 해 = 아니 해'가 된다. 전자의 경우는 말 이 안 된다. '않돼'도 틀린 표현이다! '-해' 혹은 '-돼'로 문장이 끝날 때 는 무조건 '안'을 쓰자.

"경기에서 반듯이 승리할게요!"

 Super man lee · 1시간

보내주신 성원에 감사드립니다. 주장의 **역활**에 충실해 이
번 경기에서 **반듯이** 승리하도록 하겠습니다.

🔁 301   ❤ 153   ✉

↩ 18

요즘은 SNS 활동을 하는 유명인들이 많다. 대중들에게 친숙하게
다가가기 위함일 텐데, 이렇게 오타 가득한 문장을 남길 바에는 안 하느니만
못하다. 혹시 무식을 컨셉으로 내세우는 거라면 제대로 올린 게 맞는 듯.

역활 ┈▶ 역할

주장이면 맞춤법도 주장답게 잘 지켜야 하지 않을까? '역활'이 아니고 '역할'이다. 비슷한 경우로 '할인'을 '확인'이라고 잘못 쓰는 일도 종종 보인다.

반듯이 ┈▶ 반드시

'반듯'은 '반듯하다'라고 할 때나 쓰는 표현. '틀림없이', '기필코'라는 뜻은 '반드시'라고 표기해야 맞다. 반듯한 외모만 중요한 것이 아니다. 당신의 맞춤법도 좀 더 반듯해지길!

"감춰 봤자 들어나기 마련"

Instagram

Jihoo kim

ONE WAY

사람의 본성은 **되물림**되는 걸까... 대게 그런 것 같다...
감추려 해도 **들어나** 보이는 것...다들 그러지 말아죠, 제발.

소가 되새김질하는 것도 아니고, 새로 산 물건이 맘에 안 드니
다시 물러달라고 하는 것도 아닐 텐데 되물림이라니!
당신의 무식함이 대물림되지 않기를 바랄 뿐이다.

되물림 ⋯▶ 대물림

맞춤법 실력도 대물림된다면 정말 아찔한 일일 것 같다. 자손에게 물려준다는 뜻의 단어는 '대물림'이다. '되물림'은 사전에 없다.

대게 ⋯▶ 대개

갑자기 영덕 대게가 땡기는걸? '대게'는 식탁에 어울리는 몸이지 이 문장에는 어울릴 수가 없는 단어이다. '대부분'이라는 뜻의 부사는 '대개'라고 써야 맞다.

들어나 ⋯▶ 드러나

보이지 않던 것이 보이게 되거나 알려지지 않은 사실이 밝혀졌음을 뜻하는 동사는 '드러나다'이다. '들어나다'는 틀린 말. 참고로, 물건 따위를 들어서 밖으로 옮기는 것을 뜻하는 단어 '들어내다'와 헷갈리지 말자.

말아죠 ⋯▶ 말아줘

너무 당연한 듯 쓰이고 있어서 맞는 말이 아닐까 헷갈리는 것 중 하나. 보조 동사로 쓰인 '주다'의 활용형 '주어'의 줄임말 '줘'를 '죠'로 쓰는 일을 심심찮게 볼 수 있다. 물론 이렇게 말하면 귀여워 보이기는 한다. 하지만 쓸 때는 '죠'가 아닌 '줘'로 쓰도록 하자. '죠'는 '-지요'의 준말이다.

"맨날 때쓰잖아"

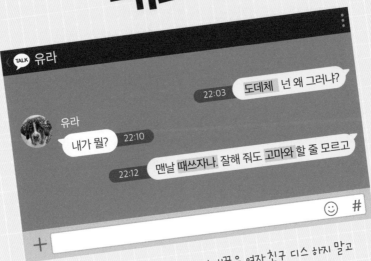

> TALK 유라
>
> 도데체 넌 왜 그러냐? 22:03
>
> 유라
> 내가 뭘? 22:10
>
> 22:12 맨날 때쓰자나. 잘해 줘도 고마와 할 줄 모르고
>
> ☺ #
>
> +

당신의 맞춤법이야말로 도대체 왜 그러냐! 애꿎은 여자 친구 디스 하지 말고
당신의 맞춤법이나 셀프 디스 하길. 맞춤법이 이렇게나 엉망인 당신을
만나 주는 것만으로도 여친은 천사다.

도더체 ···▶ 도대체

'도데체'가 아니다! '도대체'가 맞다! 놀랍게도 '도대체'는 '都大體'라는 한자어이다. 만약 '도데체'와 헷갈린다면 '대체'를 생각하자. '대체'의 뜻을 더 강조하는 말이 '도대체'이다. 도대체 왜 자꾸 틀리는 건지.

따쓰자나 ···▶ 떼쓰잖아

때는 '때밀이' 할 때나 쓰도록 하고 무언가를 억지로 요구하거나 고집하는 것은 '떼쓰다'를 써야 한다. 틀린 맞춤법을 맞다고 떼쓰지 말자.

고마와 ···▶ 고마워

설마 모음조화를 생각해서 '고마와'라고 쓰는 건 아니겠지? 미안하지만, '고와', '도와'만 빼고 모두 '-워'를 쓰는 게 맞다. 여자 친구에게 당장 카톡 날리길. '날 만나 줘서 고마워.'라고!

"조금한
방을 구했어요"

🌐 sophia PROLOG

| 글목록 | 댓글 | 방명록 | 공지 |

조금한 방을 하나 구해서 셀프 인테리어 해 봤어요 ^^
창피함을 무릅쓰고 올려 봅니다.

당신의 맞춤법이야말로 조금 창피하다! 셀프 인테리어 하느라 피곤해서
맞춤법은 신경 쓸 여력이 없었다고? 블로그 서로 이웃 신청 많이 받으려면
맞춤법에도 신경 쓰길. 이웃 신청 누르려다가도 맞춤법이 이 모양이면
맘 접는 사람 여럿 생길지도……

조금한 ⋯▶ 조그만

크기가 작다는 것을 뜻하는 '조그마하다'를 활용하면 '조그마한' 혹은 '조그만'이 된다. '조금한'은 듣도 보도 못한 비표준어. 이런 말을 남발하다가는 외국에서 살다 왔냐는 말을 들을 수 있다.

무릎쓰고 ⋯▶ 무릅쓰고

잘못하면 다치니까 '무릎'은 쓰지 말고 '무릅'을 쓰도록 하자. 무릎은 신체 부위이며, 힘든 일을 참고 견딘다는 의미는 '무릎쓰다'가 아닌 '무릅쓰다'이다.

"흉칙하게 생겼네"

Han Nam · 1시간

방금 지하철에서 정말 **흉칙하게** 생긴 여자를 봤다 ㅋㅋ 어후 꿈에 나올까 무섭ㅋㅋㅋㅋㅋㅋㅋㅋ.

흉측한 건 그 여자가 아니라 당신의 마음이다. 당신의 맞춤법도 그에 못지않게 흉측하고 말이다.

흉칙하게 ⋯▶ 흉측하게

'흉측하다'는 '흉악망측하다'의 다른 표현. 몹시 징그럽고 추하다는 뜻이다. 다른 사람의 외모를 지적하다니, 맞춤법만큼이나 인성도 최악이군. 남의 외모를 지적하기 전에 본인 맞춤법이나 신경 쓰자.

"있다 보자"

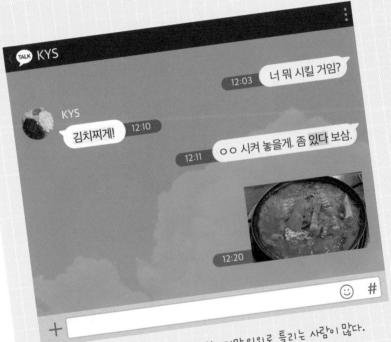

KYS

너 뭐 시킬 거임? 12:03

KYS
김치찌게! 12:10

12:11 ○○ 시켜 놓을게. 좀 있다 보삼.

12:20

☺ #

+

우리나라 사람들에게 없어선 안 될 음식이지만 의외로 틀리는 사람이 많다.
김치찌게냐 김치찌개냐 그것이 문제로다!

김치찌게 ┈▶ 김치찌개

2000년대 초반 수능 언어 영역에도 출제되어 꽤 높은 오답률을 기록했던 바로 그! 문제의 '찌개' 되시겠다. 수많은 식당들이 메뉴판에 '찌게'로 잘못 적어 놔서 피해 본 학생들이 여럿이었다. 맞는 표현은 '김치찌개'.

있다 ┈▶ 이따

있긴 뭐가 있다는 말인지? 정말 많은 사람들이 틀리는 '있다'는 '이따'의 틀린 말이다. 발음은 같아도 맞는 말은 '이따'이다. '있다'는 '있다, 없다'에만 쓰도록 하자.

"명예 회손으로 고소해 버릴까?"

목록 〈 이전글 다음글

톡톡 › 채널보기

고소해 버릴까요?

조회 29,950

그러게 애초에 깎듯이 굴면 될 것을 처음부터 삐딱하게 굴어갖고 이 사단을 낸 그놈이 이해가 안 되네요. 명예 회손으로 확 고소해 버릴까 봐요.

54   추천   반대   19

명예는 자기 스스로 훼손시키고 있으니 자기 자신을 고소해야 할 것 같은데? 이쯤 되면 고민을 들어주기보다는 맞춤법 지적을 하고 싶은 생각만 굴뚝같아질 듯.

깎듯이 ⋯▶ 깍듯이

'깎듯이'가 없는 말은 아니다. '사과를 깎듯이', '연필을 깎듯이'와 같이 쓸 수 있으니까. 그러나 예문에 쓰인 '깎듯이'는 예의범절을 갖춘다는 뜻인 '깍듯이'의 오타가 분명하다. 깎긴 뭘 깎냐⋯⋯. 잘못된 맞춤법으로 자신의 체면이나 깎지 말자.

사단 ⋯▶ 사달

'사달'을 써야 할 곳에 '사단'이라고 쓰는 것은 매우 흔한 실수이다. '사단'은 '사건의 단서'라는 뜻이기 때문에, 상대가 만든 건 '사단'이 아니라 사고나 탈을 뜻하는 '사달'이다. 받침을 잘 확인하고 쓰자.

명예 회손 ⋯▶ 명예 훼손

무언가가 손상됐다는 뜻의 단어는 '훼손'이다! '헐다', '부수다'라는 뜻의 한자 '훼'와 '앓다', '상하게 하다'라는 뜻의 한자 '손'으로 이루어진 단어로, 한자로는 '毁損'. 회손은 대체 어디서 튀어나온 맞춤법이란 말인가⋯⋯. 참고로 '명예 훼손'은 띄어 쓰는 것이 원칙이나 붙여 쓸 수도 있다.

"권투를 빌어!"

귀여운새댁 · 20분

설겆이는 아무리 해도 적응이 안 되는 것...
그래도 달달이 살림 솜씨가 나아지고 있다규!!

♥ 1

귀여운남편
ㅋㅋ 마누라~**권투를 빌어**

'설겆이' 하는 부인에 '권투'를 비는 남편까지, 천생연분이란 이런 것?
이 부부는 머리를 맞대고 맞춤법 공부에 힘을 쏟아 보는 게 어떨까?

설겆이 ···▶ 설거지

아이디는 귀여운 새댁인데 맞춤법은 귀엽게 봐줄 수 없는 수준이다. 헷갈리기 쉽지만 '설겆이'는 북한어이고 표준어는 '설거지'이다.

달달이 ···▶ 다달이

끝소리가 'ㄹ'인 말과 딴 말이 어울릴 때, 'ㄹ' 소리가 안 나는 것은 안 나는 대로 적어야 한다고 한글 맞춤법 28항에 나와 있다. '바늘질'이 아니고 '바느질'이며 '딸님'이 아니고 '따님'인 것처럼, '달달이'가 아니고 '다달이'라는 사실!

권투 ···▶ 건투

권투는 글러브 끼고 하는 스포츠이고, 씩씩하게 잘 싸우라는 의미로 쓰는 말은 '건투'이다. 권투 말고 건투를 빌어라!

"순국선혈을 기리는 날"

솔져보이 · 3시간

오늘은 현충일. 나라를 위해 목숨을 바친 순국선혈을 떠올리니 눈물이 난다.

🔁 9   ♥ 7   ✉

마음은 기특하지만 맞춤법을 보니 더 이상 기특하게 생각되지 않는다.
제대로 된 단어로 순국선열들을 기리면 그분들이 더 기뻐하실 텐데.

순국선혈 ···▶ 순국선열

솔져보이… 당신의 트윗이야말로 눈물을 자아낸다. '순국선열'에서 '열'을 '혈'로 헷갈려서 '피 혈(血)'이라 생각하는 사람들이 많은데, 순국선열의 뜻은 이러하다. 목숨 바칠 '순', 나라 '국', 먼저 '선', 세찰 '열' → 나라를 위해 목숨을 바쳐 먼저 죽은 열사라는 뜻!

"감기는 좀 낳았어요?"

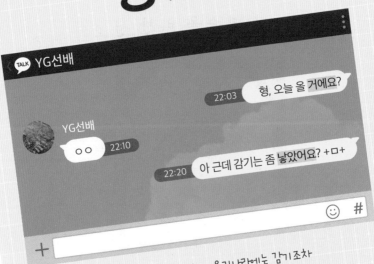

TALK YG선배

형, 오늘 올 거예요? 22:03

YG선배
ㅇㅇ 22:10

22:20 아 근데 감기는 좀 낳았어요? +ㅁ+

☺ #

+

출산율이 저조하다는 우려가 많아서인지, 우리나라에는 감기조차
'낳기를' 바라는 국민들이 어찌나 많은지 모르겠다.
하지만 '형'한테까지 출산의 부담을 주지는 말자.

거에요 ┈┈▶ 거예요

'-에요'와 '-예요'를 혼동하는 사람들이 많다. '-에요'는 '이다'나 '아니다'의 어간 뒤에 쓰인다. '-예요'는 '-이에요'의 준말인데, 받침이 없는 체언에는 '-에요'가 아니라 서술격 조사 어간인 '이'가 들어간 '-이에요'가 쓰인다. '거'는 '것'의 구어이다.

낳았어요 ┈┈▶ 나았어요

드디어 올 것이 왔다! 무식을 인증하는 최악의 맞춤법 실수 중 하나인 '병이 낳다'! 닭이 알을 낳는 것도 아니고 감기를 낳으라니……. 병은 나아야 하는 거고, 알은 낳아야 하는 거다.

"인사치례는 필요없어"

alone · 6분

언제 밥이나 한번 먹자고 인사치례로 말하는 것들은 다
필요없다.

밥이나 한번 먹자고 하는 것들은 필요 없을지 몰라도, 맞춤법은 필요한 것 같다.
맞춤법 실력도, 인간 관계도 정비하는 게 어떨까?

인사치례 ┈▶ 인사치레

'치례' 자체는 비표준어가 아니지만 '인사치례'는 틀린 표현이다. '치
례'는 예를 다하여 행한다는 뜻. 글쓴이가 쓰고 싶었던 것은 성의 없
이 겉으로만 하는 인사라는 뜻의 '인사치레'일 것이다. 이때 '-치레'
는 '겉으로만 꾸미는 일'을 뜻하는 접미사이다.

"심여를
기울여서 만들었어"

♥우리 닥스 보고 가실 게요♥ · 4시간

더우기 말이 안 되는 건 이게 엄청 **심여를** 기울여서 만든 뮤비라는 거~ 우리 애들한테 이러기야! 기사_링크_아이돌_그룹_닥스 뮤직비디오_혹평

↩ 21   🔁 89   ♥ 123   ✉

'애들'에게 부끄럽지 않은 팬이 되려면 우선 맞춤법 공부부터 제대로 하자.

이렇게 엉망인 맞춤법으로 옹호해 봤자,

그들은 하나도 기쁘지 않을 것 같으니 말이다.

더우기 ···▶ 더욱이

SNS에서 거의 표준어나 다름없는 더.우.기. '더욱'이라는 부사에 '-이'가 붙어서 역시 부사가 된 것인데, 이런 경우는 원형을 밝혀 줘야 한다.

심여 ···▶ 심혈

'심혈'은 마음과 힘을 아울러 이르는 말이다. 온 마음과 힘을 기울일 만큼 집중했다는 뜻이다. 한자로는 心血이며, '심장의 피'라는 뜻도 가지고 있다.

심여를 기울인 뮤비도 장난 아니게 좋아!

나도 표준어!

호부호형을 할 수 없었던 홍길동과 마찬가지로, '짜장면'을 '짜장면'이라고
쓰지 못하던 억울한(?) 때가 있었다. '자장면'만이 표준어였기 때문이다.
2011년이 되어서야 '짜장면'도 표준어로 인정받았다.
시대가 바뀜에 따라, 맞춤법도 바뀌고 표준어도 바뀐다. 우리가 익히 표준어라고 알고 있었던 것들
중에는 예전에 틀린 말로 무시당하던 말들도 있다. 반대로, 우리가 당연히 표준어가 아닐 거라고
생각하는 말 중에 의외로 표준어인 말도 있다. 어떤 것들이 있을까?

• 개고생 — '고생'에 정도가 심하다는 뜻
의 접두사 '개'가 붙은 말. 비속어도 아니
고 속된 표현도 아닌 표준어이다.

• 개기다 — 믿기지 않을지도 모르겠지만
엄연한 표준어이다. 아니라고 개기지 말자.

• 그거참 — '그거'가 '그것'의 구어인 것
처럼, '그거참' 또한 '그것참'의 구어로 인
정받은 표준어이다. 준말은 '거참'이다.

• 금쪽같다 — 아주 귀한 것을 이르는 '금
쪽'과 '같다'를 합쳐 '금쪽 같다'와 같이 띄
어 쓸 것 같지만 '금쪽같다'는 하나의 표
준어이다.

• 까먹다 — 사탕만 까먹는 게 아니다. 어
떤 내용을 잊어버리는 것도 '까먹다'라고
쓰는데, 표준어이다.

• 꼬시다 — "같이 가자고 꼬셔 봐"라는
말은 원래는 틀린 말이었다. '꼬시다'가 아
닌 '꾀다'가 표준어였기 때문이다. 지금은
'꼬시다' 또한 표준어이다.

• 내음 — 시 같은 문학 작품에서 자주 볼
수 있는 '내음'의 표준어는 '냄새'였다. 그
러나 꽃 같은 것에서 나는 향기롭거나 긍
정적인 냄새를 나타내는 표준어로 인정받
았다.

• 맨날 — '맨날'을 '만날'이라고 써야 하
는 때가 있었다. 표준어가 '만날'이었기 때
문이다. 2014년에야 '맨날'이 복수 표준
어로 인정되었다.

• 머 — SNS에서나 쓰는 틀린 말일 것 같
지만 엄연한 표준어이다. '뭐'의 구어적 표현으
로, "뭐 먹을까?"도 맞고 "머 먹을까?"도 맞다.

• 먹거리 — '먹을거리'를 임의로 편하게 줄여 쓰는 거라고 생각하겠지만, '먹거리'라는 단어 자체가 표준어이다.

• 삐대다 — 이 말이 표준어일 거라고 상상도 못한 사람들도 많을 것이다. 심지어 '속된 표현'도 아니다. 어딘가에 오래 눌어붙어 끈덕지게 구는 걸 뜻한다.

• 상판대기 — '얼굴'을 속되게 이르는 '상판대기'가 표준어일 줄은 아마 몰랐을 거다. 같은 뜻인 '상판' 또한 표준어이다.

• 쌈박하다 — 의외의 표준어 중 하나. 어떤 물건이 마음에 들거나 일 처리가 말끔하게 이루어졌다는 의미이다. '쌈빡하다'는 방언이다.

• 앞엣것 — 이게 뭔 소리냐 싶겠지만 '앞의 것'이라고 쓰기 쉬운 '앞에 있는 것'이라는 뜻의 표준어이다. 뒤에 있는 것은 '뒤엣것'이라고 쓴다.

• 양반다리 — 우리가 흔히 쓰는 '양반다리'는 놀랍게도 2017년 4분기에 비로소 표준어로 등재된 단어이다. 이전에는 '책상다리'만 표준어였다.

• 이쁘다 — '예쁘다'만 표준어라고 고집하지 말자. 2016년부터는 '이쁘다'도 표준어가 되었다.

• 조지다 — '아니, 이것도 표준어야?'라는 생각이 절로 들 정도로 의외의 표준어. 뜻도 우리가 알고 있는 것 그대로. 일을 망치는 것을 속되게 이르는 말이다.

• 진즉에 — 어딘지 모르게 '진작'의 방언 같은 느낌을 주는 단어이지만 엄연한 표준어. '진즉', '진작', '진즉에', '진작에' 모두 같은 뜻이다.

• 찰지다 — '찰지다'에서 ㄹ탈락한 단어인 '차지다'만 표준어였지만 2016년부터 '찰지다'도 표준어로 인정받았다.

• 파이팅 — 응원할 때 '화이팅'이라고 흔히 쓰지만 표준어는 '파이팅'이다. 외래어 표기법에 의하면 영어의 'F' 발음은 한글로는 'ㅍ' 또는 '프'로 표기한다.

• 허접쓰레기 — 표준어가 아닐 것 같지만 2011년부터 표준어로 인정받았다. 이전에는 '허섭스레기'만이 표준어였다.

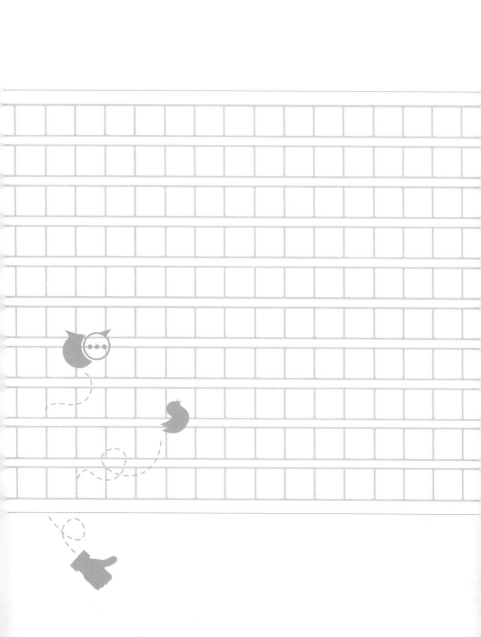

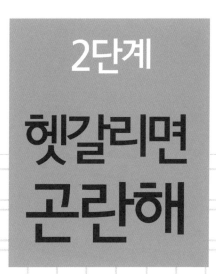

2단계

헷갈리면 곤란해

품위를 떨어뜨리는 알쏭달쏭 맞춤법 실수

어떤 말이 맞는지 헷갈릴 때 '이 정도는 틀려도 되겠지'라고
생각하면 곤란하다. 팔로워들이 매의 눈을 하고 당신의 SNS를 지켜보고 있으니까!
대놓고 지적은 하지 않지만, 알게 모르게 당신에 대한 신뢰도는
바닥을 향해 추락하고 있을지도 모른다.
남들은 다 틀려도 나만은 틀리지 않겠노라는
결심이 필요하다!

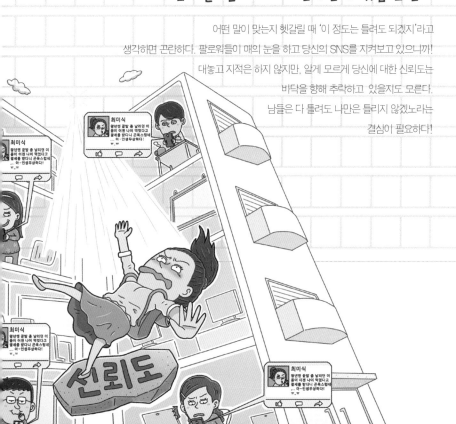

"아, 곤욕스러워"

facebook

나잘난 3시간 · 🌐

왕년엔 끝발 좀 날리던 이 몸이 이젠 나이 먹었다고 괄세
를 받다니 곤욕스럽네.... 아~ 인생무상하다! ㅠ_ㅠ

👍 좋아요　　|　💬 댓글 달기　　|　➡ 공유하기

'왕년에'라는 말 하나도 안 무섭더라. 혹시 나이 먹었다고 괄시 받는 게
아니라 맞춤법이 엉망이라서 괄시 받는 것은 아닐지 생각해 보자.

끝발 ···▶ 끗발

당연히 '끝발'이 맞는 것 같지만, 미안하게도 맞는 말은 '끗발'이다.
이때 '끗'은 화투 같은 노름에서 점수를 나타내는 단위이다. 노름 같
은 것을 할 때 끗수가 잘 나오면 '끗발이 좋다.'고 한다. 혹은 기세가
당당할 때 '끗발이 있다.', '끗발이 세다.' 등과 같이 말한다.

괄세 ···▶ 괄시

'하찮게 대한다.'는 뜻을 가진 '괄시'가 '푸대접할 괄(恝)'과 '볼 시(視)'
로 이루어진 한자어라는 것을 안다면 '괄세'가 맞는 말이라고 우기지
는 못할 것이다. 괜히 틀렸다가 괄시받지 말자.

곤욕스럽네 ···▶ 곤혹스럽네

'곤욕'은 '곤혹'과 뜻이 다른 말. '곤욕을 치르다.'와 같이 쓰이며, 심한
모욕이나 참기 힘든 일을 뜻한다. 반면 '곤혹'은 곤란한 일을 당해 어
찌할 바를 모른다는 뜻을 가지고 있다. 하긴, 이렇게 맞춤법을 틀리면
곤혹스러운 걸로 모자라 곤욕을 치를지도 모를 일이긴 하다.

"가진 노력을 다해야지!"

Instagram

muscleman◇◇

가능한 빨리 퇴근하고 자기 개발에 힘써야지. 독서로 내적 성숙을 도모하고,
외적으로는 탄탄한 몸을 만들기 위해 가진 노력을 다할 것이다.

가능한 ⤳ 가능한 한

'가능한'은 형용사 '가능하다'의 관형사형으로 뒤에 명사나 의존 명사가 와야 한다. '가능한 일이다.', '가능한 말이다.'처럼 뒤에 명사가 오면 '가능한'을 사용하는 게 맞지만, '가능한 빨리 퇴근하다.'처럼 뒤에 부사 '빨리'가 오면 '가능한'이 수식할 명사가 없으므로 '가능한 한'으로 쓰는 게 맞다.

가진 ⤳ 갖은

대체 뭘 가졌단 말인가. '갖은'은 '갖다'에 '-은'이 붙어 만들어진 활용 형태가 아니고, 자체의 뜻을 가진 관형사이다. 따라서 갖은 고생, 갖은 수단, 갖은 노력처럼 '골고루 다 갖춘' 이라는 뜻으로는 '갖은'을 써야 한다. '내가 가진 노력'을 뜻한다고 생각하지 말자. 갖은 망신 당하는 수가 있다.

"공부깨나 하나 봐요?"

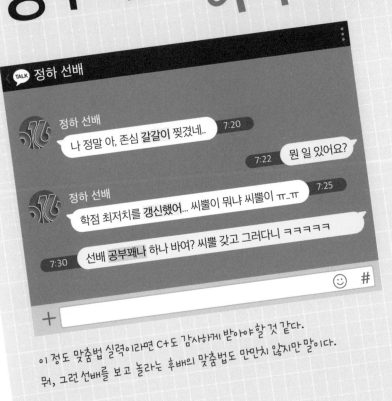

> **정하 선배**
>
> 정하 선배
> 나 정말 아, 존심 갈갈이 찢겼네..　7:20
>
> 7:22　뭔 일 있어요?
>
> 정하 선배　7:25
> 학점 최저치를 갱신했어... 씨뿔이 뭐냐 씨뿔이 ㅠㅠ
>
> 7:30　선배 공부깨나 하나 바여? 씨뿔 갖고 그러다니 ㅋㅋㅋㅋㅋ
>
> ☺　#
>
> ＋

이 정도 맞춤법 실력이라면 C+도 감사하게 받아야 할 것 같다.
뭐, 그런 선배를 보고 놀라는 후배의 맞춤법도 만만치 않지만 말이다.

갈갈이 ⋯▶ 갈가리

추억의 개그 프로그램 '갈갈이 삼형제'를 얘기하려는 게 아니라면, 혹은 '가을갈이'를 줄여 말하려는 게 아니라면 '갈갈이'가 아니라 '갈가리'라고 해야 한다. 여러 가닥으로 찢어진 모양을 뜻하는 말은 '가리가리'이고, 준말은 '갈가리'이다.

갱신 ⋯▶ 경신

물론 '갱신'과 '경신' 모두 '이미 있던 것을 고쳐 새롭게 하다.'라는 뜻이 있기는 하다. 그러나 어떤 분야의 종전 최고치나 최저치를 깨뜨린다는 의미일 때는 '경신'을 써야 한다. 기록 경기 같은 것에서도 마찬가지로 "세계 신기록을 경신했다."와 같이 써야 한다. 대신, 법률 관계에서 기간을 연장하는 것은 '갱신'이기 때문에 "계약을 갱신하다."라는 표현이 맞다.

꽤나 ⋯▶ 깨나

꽤나 많은 사람이 '깨나'를 써야 할 곳에 '꽤나'를 쓴다. '꽤나'는 '꽤'라는 부사 뒤에 보조사 '-나'를 붙인 말이고 '깨나'는 조사. 어느 정도 이상을 뜻한다. 따라서 명사에 붙여 쓰는 조사로는 '깨나'를 써야 한다. '꽤나'를 쓰고 싶다면 "공부를 꽤나 잘하나 봐요?"와 같이 쓰자.

"다른 사람이랑은 틀릴 거야"

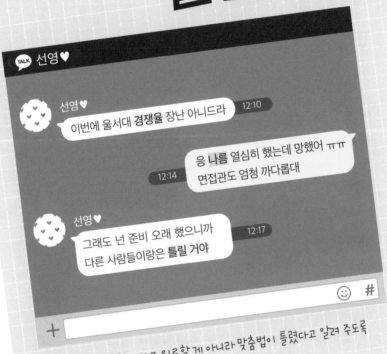

TALK 선영♥

선영♥
이번에 울서대 경쟁율 장난 아니드라   12:10

12:14   응 나름 열심히 했는데 망했어 ㅠㅠ
면접관도 엄청 까다롭대

선영♥
그래도 넌 준비 오래 했으니까   12:17
다른 사람들이랑은 틀릴 거야

☺   #

+

다른 사람이랑 틀릴 거라고 위로할 게 아니라 맞춤법이 틀렸다고 알려 주도록
하자. 그에 앞서, 자신의 맞춤법도 먼저 되돌아보도록 하고.

경쟁율 ⋯▶ 경쟁률

률/율 참 많이도 헷갈린다. 간단하게 정리하면 'ㄴ' 받침을 제외한 받침 있는 명사 뒤에는 '-률'을 붙이고, 모음으로 끝나거나 'ㄴ' 받침을 가진 명사 뒤에는 '-율'을 붙이면 된다. 경쟁률, 사망률, 입학률, 감소율, 소화율. 명심하자!

나름 ⋯▶ 나름대로

요즘 '나름'을 따로 쓰는 게 '나름' 추세이기는 하나, 맞춤법상 '나름'은 의존 명사이므로 '내 나름대로', '자기 나름의'와 같이 관형어가 반드시 먼저 앞에 나와야 한다. 그리고 '나름' 다음에 조사가 붙는 것이 일반적. 너도나도 '나름'을 단독으로 쓴다고 해서 그것이 맞는 것은 아니다.

틀릴 거야⋯▶ 다를 거야

'서로 같지 않다.'는 의미로는 '다르다'를 쓰는 게 맞다. '틀리다'는 '계산이 틀리다.', '답이 틀리다.'처럼 객관적 사실과 맞지 않는다는 뜻으로 써야 한다. '난 너랑 틀려.' 같은 표현은 '나 무식해요.'랑 같으니 제발 좀 쓰지 말자. 틀리다와 다르다는 다르다.

"걷잡을 수 없이 커지는 내 마음"

Instagram

dltldud89

어제는 잔뜩 찌푸렸던 하늘이 오늘은 활짝 개였다. 이런 날은 어디론가 훌쩍 떠나고 싶은 마음이 **걷잡을 수 없이** 커진다. 하지만 그러기엔 내 상황이 녹 **녹치 않다**. 언제쯤이나 현실로부터 자유로워질까. 갑갑하다.

개였다 ⋯▸ 개었다

'개였다'가 아니라 '개었다'라고 써야 하는 이유는 날씨가 맑아지는 것은 '개이다'가 아닌 '개다'가 맞기 때문이다. 흔히 쓰는 표현인 '맑게 개인 하늘'은 '맑게 갠 하늘'이 맞다.

겉잡을 수 없이 ⋯▸ 걷잡을 수 없이

겉을 잡는 게 아니다. 걷잡는 거다. '걷잡다'라는 동사에 보통 '없다'가 같이 쓰여서 '걷잡을 수 없다'라고 쓴다.

녹녹치 ⋯▸ 녹록지

예문에서는 '만만하다'는 뜻을 가진 '녹록하다'를 쓰는 것이 맞다. 더 주의해야 하는 것은 '녹록치'가 아닌 '녹록지'라고 쓰는 것이다. '~하지'를 줄였을 때 '~치'가 되는 경우는 앞말이 ㄴ, ㄹ, ㅁ, ㅇ으로 끝났을 때이고, 그 외의 경우는 '~지'로 줄여야 한다.

"연예하고 싶어!"

오후 4:45   100%

●●●○○ SKT

아. 나도 **연예**하고 싶다!
어디 한군데 **딸리지** 않는 나야말로
단언컨데 벤츠남이건만!

선물

김쏠로

나와의 채팅   프로필 관리   카카오스토리

연예 ┈▶ 연애

설마 연예인이 되고 싶다는 말인가? 이런 맞춤법 실력이라면 솔로 신세 벗어나기 힘들겠다. 사람들 앞에서 음악이나 쇼 따위를 공연하고 싶은 게 아니라 사랑을 하고 싶은 거라면 맞춤법부터 제대로 쓰자!

딸리지 ┈▶ 달리지

능력이나 힘이 모자란다는 뜻의 동사는 '달리다'이다. '딸리다'는 '달리다'를 좀 더 강하게 표현한 말일 것 같지만, '달리다'와는 뜻이 다르다. '딸리다'는 '딸린 식구'처럼 어떤 것에 매이거나 붙어 있는 것을 의미한다.

단언컨 데 ┈▶ 단언컨대

'딱 잘라 말해서' 정도의 뜻을 가지는 '단언컨대'는 '단언하건대'의 준말. 끝음절 '하'의 'ㅏ'가 탈락하면서 'ㅎ'이 다음 음절의 첫소리와 어울려 거센소리가 되므로 '단언컨대'로 표기하는 것이다. '-건데'가 아닌 '-건대'임도 명심하자. '내가 보건대', '바라건대'와 같이 쓰인다. '단연컨대', '단연 컨데'라는 말도 자주 쓰는데 그런 말은 '단언컨대 없다'.

"끼여들어도 될까?"

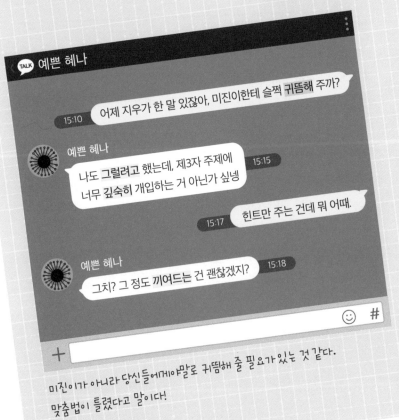

예쁜 헤나

어제 지우가 한 말 있잖아, 미진이한테 슬쩍 귀뜸해 주까?
15:10

예쁜 헤나
나도 그럴려고 했는데, 제3자 주제에
너무 깊숙히 개입하는 거 아닌가 싶넹
15:15

15:17 힌트만 주는 건데 뭐 어때.

예쁜 헤나
그치? 그 정도 끼여드는 건 괜찮겠지? 15:18

☺ #

＋

미진이가 아니라 당신들에게야말로 귀뜸해 줄 필요가 있는 것 같다.
맞춤법이 틀렸다고 말이다!

귀뜸 ···▶ 귀띔

지금 귀에 뜸을 들이려는 게 아니다. '귀띔'하려는 거다. 상대에게 슬 그머니 알려 주는 것이 '귀띔'이다.

그럴려고 ···▶ 그러려고

'그러려고'는 '그리하다'의 준말인 '그러다'에 '-려고'가 붙은 말이다. '-려고'는 받침이 없는 동사나 ㄹ받침인 동사의 어간에 붙는 어미. 괜 히 없는 받침 추가해서 '그럴려고'라고 쓰지 말자. '먹으려고', '가려 고' 등도 마찬가지.

깊숙히 ···▶ 깊숙이

'이'냐 '히'냐, 그것이 문제로다! 형용사를 부사로 만들어 주는 어미 '이'와 '히'는 영원한 숙제이자 고민이다. 보통 '-하다'로 끝나는 형용 사에는 '-히'가 붙는다. 그러나 예외가 있으니, 그중 하나가 '깊숙이' 이다. 'ㅅ'이나 'ㄱ' 받침으로 끝나는 말 다음에는 '이'가 붙는다. '깊 숙이', '깨끗이'처럼. 이런 건 외우는 수밖에 없다.

끼여드는 ···▶ 끼어드는

'끼어들다'는 '끼여들다'로 발음하기 쉽기 때문에 잘 틀리는 맞춤법 이다. 발음은 그렇게 날지라도 쓸 때는 '끼어들다'로 써야 한다.

"부화가 치밀어 미치겠다"

쪼잔남 · 6시간

부화가 치밀어서 미치겠다. 부주 3만 원 한 것들은 대체 뭔지 진짜 단단히 벼르고 있다...

힘을내자
@쪼잔남 오랫만에 얼굴 보러 온 게 어디냐 성격하고는 - _ -ㅋㅋ

귀차니즘 @DLSK9874HF
@힘을내자 애시당초 결혼식 안 가길 잘했ㅋㅋㅋㅋ

부화 ···▶ 부아

보아하니 성격이 모나서 친구가 없는 것 같은데, 거기에 맞춤법도 한몫하는 것 아닐까. '부화'는 알까기이고, 노엽거나 분한 마음은 '부아'이다. '부아가 나다.', '부아를 내다.' 등으로 쓴다.

부주 ···▶ 부조

잔칫집이나 상가에 보내는 돈이나 물건은 '부조'이다. 그나저나, 마음 씀씀이를 보니 친구들이 부조 3만 원 한 것도 감지덕지란 생각이 드는데?

오랫만에 ···▶ 오랜만에

'오래간만'의 준말은 '오랜만'이다. '오래'와 '동안'이 결합해서 만들어진 합성어는 사잇소리 현상에 의해 사이시옷을 받치어 '오랫동안'과 같이 쓰는 게 맞다.

애시당초 ···▶ 애당초

처음부터, 시작부터를 일컫는 말. '애시당초'는 틀린 표현이므로 '애당초'나 '애초', 또는 '당초'라고 표현해야 한다. '당초'를 강조한 말이 '애당초'이다.

"정말 눈쌀 찌푸려지네"

facebook

김범신
7월 2일 오후 6:30 · 🌐

진짜 **꼴갑**하고 있네. **내노라하는** 전문가들 다 가만히 있는데 혼자 웬 잘난
척? 벼는 익을수록 고개를 숙인다고 했건만…. ㅉㅉ 나는 그러지 말아야지.

👍 좋아요 | 💬 댓글 달기 | ➔ 공유하기

 choi jae moon 어제 세미나 말씀하시는 거죠?
저도 정말 **눈쌀**이 찌푸려지더군요.

 김범신 앞으로 그 사람 오는 세미나는
참석하지 **말던지** 해야겠어요.

꼴갑 ⋯▶ 꼴값

"값이 얼마예요?"라고 할 때의 '값'이 '꼴값하다'의 '값'이다. '꼴'은 '생김새'를 의미하는 말. 생김새에 어울리는 말과 행동을 한다는 의미로 속되게 이르거나, 아니꼬운 행동을 한다는 의미를 가지고 있다.

내노라하는 ⋯▶ 내로라하는

"어디 내놔도 뒤지지 않는다는 의미니까 '내노라'가 맞겠지."라고 착각하는 사람이 많을 듯하다. 하지만 뜻은 얼추 비슷할지언정 '내놓다'와 연결 지어 '내노라하다'라고 쓰는 것은 금물이다. '내로라하다'가 맞는 말이다.

눈쌀 ⋯▶ 눈살

발음은 '눈쌀'이지만 표기는 '눈살'이 맞다. 어디 우리말이 발음 나는 대로 써서 다 맞던가. 두 눈썹 사이에 잡히는 주름인 '눈살' 역시 마찬가지이다.

말던지 ⋯▶ 말든지

'-든지'와 '-던지'는 이제 제발 구분 좀 하자. "밥이라든지 빵이라든지" 혹은 "집에 가든지 도서관에 가든지"처럼 나열이나 선택의 경우에는 '-든지', "어제 얼마나 배가 아프던지"처럼 과거의 일은 '-던지'를 쓴다.

"앞으론 잘할께"

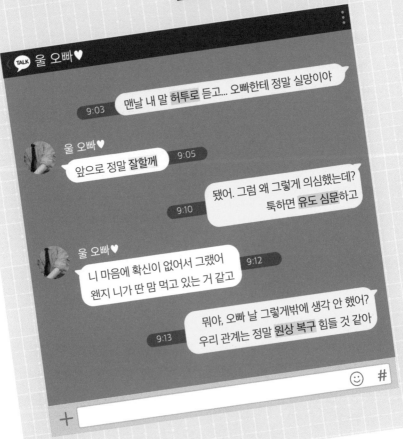

울 오빠♥

맨날 내 말 허투로 듣고... 오빠한테 정말 실망이야
9:03

울 오빠♥
앞으로 정말 잘할께 9:05

됐어. 그럼 왜 그렇게 의심했는데?
툭하면 유도 심문하고
9:10

울 오빠♥
니 마음에 확신이 없어서 그랬어 9:12
왠지 니가 딴 맘 먹고 있는 거 같고

뭐야, 오빠 날 그렇게밖에 생각 안 했어?
우리 관계는 정말 원상 복구 힘들 것 같아
9:13

☺ #

+

허투로 ⋯▶ 허투루

당신도 말을 정말 '허투루' 하잖아! '허투루'는 '되는대로 아무렇게나'를 뜻하는 하나의 단어이다. '허투'는 남을 속이기 위해 꾸며 낸 겉치레를 뜻하며, 이 상황에 어울리지 않는다.

잘할께 ⋯▶ 잘할게

발음은 '께'로 나도 쓸 때는 '게'가 맞다. 갈게, 할게, 바랄게 등으로 쓰자.

유도 심문 ⋯▶ 유도 신문

알고 있는 사실을 캐어묻는 것은 '신문'이다. 고로, 묻는 사람이 원하는 답변을 암시하며 따져 묻는다는 의미를 가진 단어는 '유도 신문'이다. 심문은 모르는 것을 따져 묻는 것이므로 '유도 심문'은 앞뒤가 안 맞는 표현이라 보면 된다. '유도신문'으로 붙여 써도 된다.

원상 복구 ⋯▶ 원상 복귀

'복구하다'는 손실 이전의 상태로 회복한다는 뜻으로, '태풍으로 인한 피해 복구에 힘쓰자.'와 같이 사용한다. 본문의 대화에서는 원래의 자리나 상태로 되돌아간다는 의미의 '복귀'를 사용하여 '원상 복귀'라고 써야 한다.

"그 정도 댓가는 치러야지"

Instagram

na_sollo

이렇게 **단출하게** 독립은 시작되었다. 살림이야 하나씩 **늘여** 나가면 되는 거지. 앞으로는 **쓸때없는** 데에 돈 쓰지 않고 알뜰히 살 거다. 많은 부분을 포기해야 하겠지만, 자유를 얻는 **댓가로** 그 정도는 달게 받아들여야지. 앞으로 파이팅이다!!

단촐하게 ┈▶ 단출하게

왠지 맞는 말인 것처럼 느껴지는 말들이 있다. 그중 하나가 '단촐하다'이다. 그러나 '차림이 간편하다.'는 뜻의 단어는 '단출하다'이다.

늘여 나가면 ┈▶ 늘려 나가면

'늘이다'와 '늘리다'는 뜻이 다르다. '늘이다'는 원래보다 길이를 길게 하는 것을, '늘리다'는 부피나 넓이가 커지게 하는 것을 의미한다. 그러나 예문에서의 '늘리다'는 '늘다'의 사동사로, 수가 원래보다 많아지게 한다는 뜻이다. 잘 구분해서 사용하자.

쓸때없는 ┈▶ 쓸데없는

발음 나는 대로 적는 것은 이제 그만! '쓸데없다'가 맞으며, '소용없다'는 뜻이다. 혹자는 동사 '쓰다'+ 의존 명사 '데' + '없다'로 생각하여 '쓸 데 없다'라고 띄어 쓰기도 하는데, '쓸데없다'는 하나의 형용사이다.

댓가로 ┈▶ 대가로

'댓가'가 아닌 '대가'이다. 발음이 그렇게 난다고 해서 함부로 사이시옷을 갖다 끼우지 말자. '대가(代價)'와 같은 두 음절의 한자어 중에 사이시옷을 넣는 경우는 곳간, 셋방, 숫자, 찻간, 툇간, 횟수 밖에 없다.

"휴유증이 오래가네"

Lovemental · 25분

그녀가 떠난 지 만 2주...이별의 **휴유증**이 가실 것 같지 않다...내 곁을 지켜주는 건 담배와 **재털이뿐**... 일찌기 이런 사랑은 해 보지 못했다...

♥ 3

휴유증 ···▶ 후유증

휴······ '휴유증' 아니고 '후유증'이다. 한자어를 그대로 풀이하면 '뒤에 남아 있는 증세'라는 뜻. 어떤 일을 치르고 난 뒤에 생긴 부작용을 뜻하기도 한다. 틀리게 쓰는 사람이 정말 많은 단어.

재털이 ···▶ 재떨이

담뱃재는 '털지' 않고 '떠는' 것이다. 붙어 있는 것을 쳐서 떼어 낼 때는 '떨다'라는 표현을 사용한다. 옷에 붙은 먼지를 '털다'가 아닌 '떨다'라고 써야 한다. 따라서 재털이가 아니고 재떨이가 맞다. 참고로, '먼지가 묻은 옷을 털다.'가 맞다.

일찌기 ···▶ 일찍이

보아하니 사랑에 눈뜨기 전에 맞춤법에 눈떴어야 했다. '일찍이'는 '일찍'에 접미사 '이'가 결합된 형태이므로 '일찍이'라고 쓰는 게 맞다. 이와 비슷한 유형으로는 '더욱이' 등이 있다. 참고로 예문의 '일찍이'는 '예전에'와 같은 뜻으로 쓰였지만, '일찍'이라는 의미도 있다.

"곰곰히
생각해 보자"

어르신 · 8분

무릇 남녀 간의 **교재**에도 지켜야 할 도리가 있건만, 요즘엔 어찌하여 이리도 서로에 대한 예의를 지키지 않는 것인가. 상대방의 입장에서 **곰곰히** 생각해 보는 자세가 실로 필요한 때이도다. (나 쫌 **점잖아** 보임?ㅋㅋㅋㅋㅋ)

♥ 3

어르신 흉내를 낼 게 아니라 맞춤법에 신경 쓰자. 남녀 간에 지켜야 할 도리가 있다면 SNS에는 지켜야 할 맞춤법이 있다.

교재 ···▶ 교제

"연애를 책으로 배웠어요~!"라고 말하고 싶은 걸까? 남녀 사이에 대해 가르쳐 주는 책이 있다면 '교재'가 맞겠지. 하지만 '사귀다'는 의미일 때는 '교제'이다. 이런 것조차 틀린다면 이성 교제의 기회는 왔다가도 사라질 것이다.

곰곰히 ···▶ 곰곰이

부사어로 만드는 어미 중 '히'가 붙는 경우는 '-하다'로 끝나는 말뿐이다. '곰곰하다'는 어디에도 없는 말이니 '곰곰이'가 맞다.

점잔아 ···▶ 점잖아

성인이 되어서 점잖아지려고 결심한 것도 좋은데, 그보다 먼저 맞춤법에 신경 쓰는 건 어떨까. '점잔'은 맞아도 '점잔다'는 틀리다.

"무척 설레인다"

Instagram

cho jeong eum

세 살박이 조카와 함께 한 나들이. 날씨도 좋고 **무척 설레인다**. 그나저나 어제 밤을 **샜더니** 다크서클이 장난이 아니구만! ㅋㅋ

세 살박이 ⋯▶ 세 살배기

'배기'는 '그 나이를 먹은 아이'를 뜻하는 접미사이고 '박이'는 '점박이'처럼 무엇이 박혀 있는 사람을 뜻하는 접미사이다. 설마 조카에게 '세 살'이 박힌 것은 아니겠지.

설레인다 ⋯▶ 설렌다

아이스크림 이름 때문에 대다수가 헷갈리는 맞춤법. 마음이 두근거린다는 뜻의 동사는 '설레다'로 써야 한다. '설레이다'는 틀린 말이다. 명사형은 '설레임'이 아닌 '설렘'이 맞다. 아이스크림 이름이 틀렸다.

샜더니 ⋯▶ 새웠더니

보통 '새우다'와 '새다'를 같은 뜻으로 혼동하거나 '새우다'의 준말이 '새다'라고 생각하는데, 두 단어는 뜻이 다르다. '새다'는 '날이 밝아 오다.'라는 의미의 자동사이므로 '날이 새다.', '밤이 새다.'처럼 써야 한다. 반면 '새우다'는 동작의 대상인 목적어가 필요한 타동사이므로 '밤을 새우다.'처럼 목적어와 함께 써야 한다.

"엄마가 김치 담궈 줬어"

동석이

점심 뭐 먹었냐?

동석이
제육덥밥 만들어 먹었다.

반찬은?

동석이
자취생이 김치밖에 더 있냐.
엄마가 담궈 주신 거 있어.

아들 뒤치닥거리에 고생이
많으시네.

동석이
그만 해오시라고 그러면 되려
섭섭해 하신다니까 ㅎㅎㅎ

제육 덥밥 ···▶ 제육 덮밥

많은 사람의 사랑을 받는 제육덮밥! 하지만 사랑하는 이의 이름조차 제대로 모르다니 슬픈 일이다. 요리를 밥 위에 얹어 먹는 음식은 '덮밥'이다. '덮다'의 뜻을 가지고 있으니까. 그렇다면 대체 '덥밥'은 뭘까? '더운 밥'?

담궈 ···▶ 담가

김치나 장 같은 것은 '담구는' 것이 아니라 '담그는' 것이다. 기본형이 '담그다'이고 'ㅡ'가 떨어져 나가면서 '담가'로 바뀐다. 비슷한 형태의 단어로 '잠그다'가 있다. 이 또한 '잠궈'가 아니라 '잠가'가 맞다.

뒤치닥거리 ···▶ 뒤치다꺼리

소리나는 대로 쓰면 안 되는 단어가 수두룩하지만, 이 단어만큼은 소리나는 대로 쓴 '뒤치다꺼리'가 표준어이다. 대신 괜히 사이시옷을 넣어 '뒷치다꺼리'로 쓰지는 말자. 이 말은 '남의 일을 보살펴 주다.'는 의미의 '치다꺼리'라는 말에 '뒤'가 붙어 '뒤에서 일을 보살펴 주다.'라는 뜻을 가진 단어이다.

되려 ···▶ 되레

'되려'와 '되레'는 둘다 '도리어'와 관계있는 말이다. '되려'는 '도리어'의 방언이고 '되레'는 준말. 따라서 표준어는 '되레'이다. 자꾸 헷갈리면 그냥 '도리어'라고 쓰도록 하자.

2단계 • 헷갈리면 곤란해

"한 입 덥썩 먹고 싶다"

facebook

최미식
3월 16일 오후 6:30 · 🌐

입맛 **돋구는** 딸기 생크림 케이크. 한 입 **덥썩** 물었더니 딸기 과즙이 팍~! **몇**
일 전부터 맛집 블로그 눈팅하며 **별르고** 온 보람이 있다!

👍 좋아요　|　💬 댓글 달기　|　➤ 공유하기

86 · 쓰면서도 헷갈리는 SNS 맞춤법

돋구는 ⋯▶ 돋우는

음⋯⋯당신의 페북을 보니 입맛이 뚝 떨어진다. 맛의 정도를 높인다는 뜻의 단어는 '돋다'이고, 사동사인 '돋우다'를 써서 '입맛을 돋우다'라고 한다. '돋구다'는 안경의 도수 따위를 더 높게 한다는 뜻이다.

덥썩 ⋯▶ 덥석

왈칵 달려들어 물거나 움켜잡는 모양을 나타내고 싶을 땐 '덥석'을 써야 한다. '덥썩'은 '덥석'의 잘못.

몇 일 ⋯▶ 며칠

막연한 수를 가리키는 '몇'과 날을 가리키는 '일'이 더해져서 '몇 일'이 된다고 생각하기 쉽지만 그렇지 않다. '며칠'은 어원이 분명하지 않으며, 그럴 경우에는 원형을 밝혀 적지 않는다. 즉, '몇 일'로 적는 경우는 없다는 걸 명심하자. '몇 월 몇 일'이 아니라 '몇 월 며칠'이 맞다.

별르고 ⋯▶ 벼르고

별르는 게 아니라 '벼르는' 거다. 불필요한 받침은 넣어 두자. 마음속으로 준비를 단단히 하고 기회를 엿본다는 뜻의 단어는 '벼르다'이다.

"예전엔 미쳐 몰랐어"

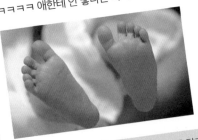

facebook

현서아빠
9월 2일 오전 8:30 · 🌐

요즘 딸래미 덕분에 사는 게 즐겁다. 내가 이런 딸 바보인지 **미쳐** 몰랐음. ㅋㅋ
ㅋㅋㅋㅋ 애한테 안 좋다는 와이프 **등살**에 못 이기는 척 담배도 끊었다는 거!

👍 좋아요　　　💬 댓글 달기　　　➜ 공유하기

 하상인 ㅋㅋㅋㅋㅋㅋ 제수씨가 현서 핑계로 몰아부쳤나 보구만!

딸래미 ⋯▶ 딸내미

요즘 딸 바보들이 많이 늘어서인지 '딸래미', '딸내미', '딸램' 등 다양한 말로 딸을 귀엽게 이르는데, 맞는 말은 '딸내미'이다. 그렇다면 아들을 귀엽게 이르는 말은? 그건 '아들내미'.

미쳐 ⋯▶ 미처

이것도 모르면 정말 미쳐 버리지! '미치다'라는 의미로 사용하고 싶다면 '미쳐'가 맞지만, 예문에서처럼 쓸 때는 '미처'가 맞다.

등살 ⋯▶ 등쌀

등에 있는 살(근육)은 '등살'이고 귀찮게 구는 짓은 '등쌀'이다. 부인의 등에 살이 아무리 많다고 해도, '등의 살' 때문이 아니라 '등쌀' 때문에 담배를 끊었을 테지?

몰아 부쳤나 ⋯▶ 몰아붙였나

한쪽으로 몰려가게 하는 것을 뜻하는 말은 '몰아붙이다'이다. 비록 발음으로 보자면 '몰아부치다'가 맞아 보이지만 말이다. 비슷한 경우로 '밀어붙이다'가 있다. 이때도 '부치다'가 아니라 '붙이다'를 써야 한다.

"나는 천상 한량인 듯"

facebook

 천백수
11월 12일 오후 1:30 · 🌐

수업 **제끼고** 벤치에 앉아 **찰라**의 행복을 만끽해 본다. 맘이 **캥기기**는 커녕
이렇게 편안하다니...나는 **천상** 한량인 듯? ㅋㅋㅋ

👍 좋아요 | 💬 댓글 달기 | ➜ 공유하기

제끼고 ···▶ 제치고

'제끼다'는 '제치다'와 '젖히다'의 잘못된 표현이다. 약속을 미루다, 수업에 불참하다 등의 뜻을 나타내려면 '약속을 제치다.', '수업을 제치다.'라고 써야 맞다.

찰라 ···▶ 찰나

'찰나'는 '찰라'로 발음되지만 '찰나'로 표기해야 한다.

캥기기는 커녕 ···▶ 켕기기는커녕

캥거루도 아니고 웬 캥기다? 마음속으로 겁이 나고 탈이 날까 봐 불안해하는 심리를 나타내는 동사는 '켕기다'이다. '켕기다'를 '캥기다'라고 쓰면 마음이 더 켕기지 않을까? '는커녕'을 붙여 쓰는 것도 잊지 말자.

천상 ···▶ 천생

'천상 여자', '천상 연예인' 등의 표현을 잘 쓰나, 이는 틀린 표현이다. '타고난 것처럼'을 뜻하는 단어는 '천생'이다. '천상'은 '하늘 위'라는 뜻으로 '천상의 소리' 등의 표현에 쓰인다. '하늘 위의 한량'이라고 말하고 싶은 것은 아니겠지?

"나 빈털털이야"

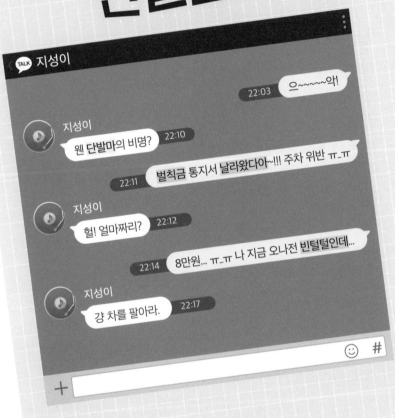

지성이

22:03 으~~~~~악!

지성이
웬 단발마의 비명? 22:10

22:11 벌칙금 통지서 날라왔다아~!!! 주차 위반 ㅠ_ㅠ

지성이
헐! 얼마짜리? 22:12

22:14 8만원... ㅠ_ㅠ 나 지금 오나전 빈털털인데...

지성이
걍 차를 팔아라. 22:17

단발마 …▶ 단말마

아마 '짧다' 혹은 '한 번' 정도의 의미일 거라고 생각하고 '단발 + 마'가 맞는 말로 알고 있을지도 모르겠지만, '단말마'는 숨이 끊어질 때의 모진 고통을 뜻한다. 뜻을 알고 깜짝 놀란 사람들도 많을 듯?

벌칙금 …▶ 범칙금

법을 어겼는데 '벌칙'으로 돈을 내라고 할 리는 없을 듯. 도로 교통법을 어겼을 때 내는 벌금은 '범칙금'이다.

날라왔다 …▶ 날아왔다

'날다'라는 말은 있지만 '날라가다'나 '날라오다'라는 말은 없다. '날아가다'와 '날아오다'가 맞는 말이다. '날다'와 관련되어 잘 틀리는 또다른 한 가지는 '날으는'이라는 말이다. 이때는 '날다'의 'ㄹ'이 탈락하면서 '나는'이 된다.

빈털털이 …▶ 빈털터리

다시 한번 소리 나는 대로 써야 할 때가 되었다. 주머니를 털털 털어서 아무것도 안 나온다고 해서 '빈털털이'라고 쓰면 안 된다. '털털이'가 아니라 '털터리'다. '빈털터리'는 '털터리'라고도 쓸 수 있다.

"짜투리
지식을 나누어요"

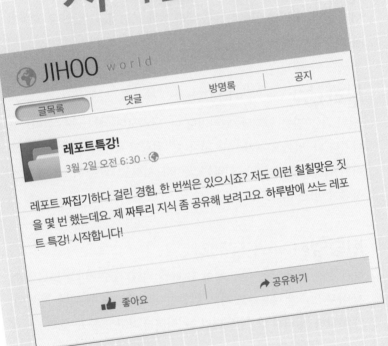

🌐 JIHOO world

| 글목록 | 댓글 | 방명록 | 공지 |

📁 **레포트특강!**
3월 2일 오전 6:30 · 🌐

레포트 짜집기하다 걸린 경험, 한 번씩은 있으시죠? 저도 이런 칠칠맞은 짓을 몇 번 했는데요. 제 **짜투리** 지식 좀 공유해 보려고요. 하루밤에 쓰는 레포트 특강! 시작합니다!

➤ 공유하기

👍 좋아요

짜집기 ···▶ 짜깁기

레포트 지식 공유하기 전에 맞춤법 공부가 더 시급한 것 같다. '짜집기'는 '깁다'를 '집다'라고 잘못 쓴 표현. 기존 것을 편집해 하나의 완성품으로 만드는 일은 '짜깁기'이다.

칠칠맞은 ···▶ 칠칠맞지 못한

'칠칠맞다'는 주로 '못하다', '않다'와 함께 쓰인다. '칠칠하다'의 속된 표현으로, 일 처리가 야무지다는 뜻이다. 많은 이들의 예상과 달리 긍정적인 의미의 단어. 레포트 짜깁기하다 걸린 건 '칠칠맞은' 게 아니라 '칠칠맞지 못한'것이다. '칠칠치 못하다'라고 써도 된다.

짜투리 ···▶ 자투리

흔히 '남는 것'의 의미로 쓰이는 단어는 '자투리'가 표준어이다. 발음상 '짜투리'로 쓰는 경우가 많지만 이는 잘못된 표현.

하루밤···▶ 하룻밤

'하루'라는 고유어와 '밤'이라는 고유어가 만난 합성어로, 사이시옷을 써서 '하룻밤'이라고 표기해야 한다. 비슷한 예로는 '장맛비', '등굣길' 등이 있다. 하지만 '초점'처럼 한자어와 한자어가 결합된 경우는 사이시옷을 쓰지 않는다.

"취업의 벽은 정말 두텁군"

취준생 · 40분

만발의 준비를 했는데, 또다시 최종 면접에서 미끌어짐.
취업의 벽은 진심 높고도 **두텁네** ㅎㅎㅎ 하긴, 취업에 목
을 멘 인간이 어디 나쁘이겠냐 ㅠ_ㅠ

↩ 5 ♥ 4 ✉

만발 ⋯▶ 만반

'만반'의 준비를 했어야 하는데 '만발'의 준비를 했기 때문에 면접에 떨어졌을지도 모른다. '만발'은 꽃이 활짝 피었을 때나 쓰는 말이다. 마련할 수 있는 모든 것은 '만반'이라고 쓴다.

미끌어짐 ⋯▶ 미끄러짐

'미끌업다'라는 말은 없고 '미끄럽다'라는 말은 있다. 마찬가지로 '미끌어지다'라는 말은 없고 '미끄러지다'라는 말은 있다. '미끌미끌하다'라는 말은 있어도 '미끌어지다'라는 말은 없다.

두텁네 ⋯▶ 두껍네

'두텁다'와 '두껍다'는 쓰임이 다르다. 우정이나 믿음 같은 것을 표현할 때는 '두텁다'고 하고 책이나 이불 같은 것을 표현할 때는 '두껍다'고 쓴다. '벽'은 두텁지 않고 두꺼운 거다.

멘 ⋯▶ 맨

가방 같은 것을 어깨에 두를 때는 '메다'이고, 끈이나 줄이 풀어지지 않게 할 때는 '매다'이다. 그리고 예문에 쓰인 것은 어디에서 떠나지 못한다는 의미를 비유적으로 쓰는 표현으로 '목을 매다.'가 맞다.

"그리고 나서
뭐했어?"

> **보경이**
>
> 22:41　소개팅남 잘 꼬셨어? ㅋㅋ
>
> 보경이　22:42
> 금새 들어온 거 보면 모르냐...
>
> 왜, 밥 먹을 땐 분위기 좋았다며
> 22:44　그리고 나서 뭔 일 있었어?
>
> 보경이
> 눈꼽 낀 걸 나중에 알았어ㅠㅠ　22:46
> 것도 남자가 알려 줘서 ㅠㅠ
>
> 23:00　어쩔 ㅠㅠ 주선자는 뭐래?
>
> 보경이
> 날 나쁘게 보진 않은 것 같데. 근데 왜 연락이 안 오냐 ;ㅁ;　23:03

금새 ⋯▶ 금세

금새는 물건값을 뜻하는 말. 물건값이 들어왔다고 말하고 싶은 게 아니라면 '금시에'가 줄어든 말인 '금세'를 써야 맞다.

그리고 나서 ⋯▶ 그러고 나서

'그리고'는 문장과 문장 사이를 연결시켜 주는 접속사이므로 뒤에 동사 '나다'의 활용형인 '나서'가 붙을 수 없다. '그리고는'도 틀린 표현, '그러고는'이라고 쓰는 게 올바른 표현이다. '그러고'는 '그리하고'의 준말이다.

눈꼽 ⋯▶ 눈곱

소개팅남 앞에서 세련된 이미지로 어필하는 건 힘들겠다. '눈곱'은 '눈꼽'이라고 발음되나, 우리가 '눈동자'를 '눈똥자'로 발음한다고 해서 그렇게 표기하지는 않듯이 '눈곱'으로 쓴다.

같데 ⋯▶ 같대

남이 말한 내용을 간접적으로 전달할 때는 '-ㄴ다고 해'의 준말인 '-ㄴ대'를 써야 한다. '-데'는 '걔가 그런 말을 하데.', '경치가 정말 좋데.'처럼 회상의 의미를 나타내거나 '신부가 정말 예쁘데?'처럼 상대방의 의견을 묻는 종결 어미로 쓰이기도 한다.

"날 보고 썩소를 띄잖아"

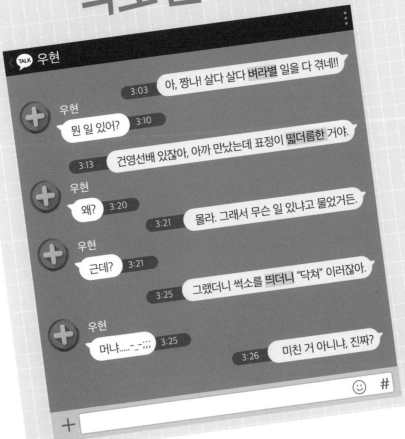

TALK 우현

아, 짱나! 살다 살다 벼라별 일을 다 겪네!! 3:03

우현
뭔 일 있어? 3:10

3:13 건영선배 있잖아, 아까 만났는데 표정이 떫더름한 거야.

우현
왜? 3:20

3:21 몰라. 그래서 무슨 일 있냐고 물었거든.

우현
근데? 3:21

3:25 그랬더니 썩소를 띄더니 "닥쳐" 이러잖아.

우현
머냐.....-_-''' 3:25

3:26 미친 거 아니냐, 진짜?

☺ #

+

벼라별 ⋯▶ 별의별

'벼라별' 말고도 '별에별'이라고도 사용되지만 맞는 말은 '별의별'이다. 이때의 '별'은 '다르다'는 의미를 가진 한자 '別'이다. '별의별'은 '별별'과 같은 말이다. 자신 없다 싶으면 차라리 '별별'로 쓰는 건 어떨까.

뎁더름한 ⋯▶ 떨떠름한

'떫다'라는 말이 있기 때문에 '떫더름하다'가 맞다고 잘못 생각하기 쉽다. 그러나 그냥 발음 나는 대로 적은 '떨떠름하다'가 맞다. '떨떠름하다'가 표준어라니까 왠지 떨떠름한가?

띄더니 ⋯▶ 띠더니

'띄다'와 '띠다'를 구분하지 못하고 모두 '띄다'로 사용하는 경우가 많지만, 두 단어는 엄연히 쓰임이 다르다. '눈에 띄다'와 같이 '뜨이다'의 준말로 사용할 때는 '띄다'가 맞고, 어떤 빛깔, 감정, 사명 등을 가진다는 의미로 사용할 때는 '띠다'가 맞다.

"속 썩혀서 미안"

Instagram

LOVE_forever

우리는 뗄래야 뗄 수 없는 관계
다툼이나 이별 같은 건 우리를 비켜가길
철없고 속 썩히는 나를 받아 주는 여친이 고맙다
속으로는 끓탕 중일지도 모르지만 ㅎㅎ

뗄래야 ⋯▶ 떼려야

구어체에서 흔히 틀리는 표현. '-려고 해야'가 줄어든 말은 '-려야'이므로, '떼려야'가 맞다. '뗄다'가 아닌 '떼다'이니까 말이다. '-래야'는 '-라고 해야'가 줄어든 말이다. '가진 돈이래야'처럼 쓸 수 있다.

비켜가길 ⋯▶ 비껴가길

'비키다'는 어떤 것을 피해 방향을 조금 바꾼다는 의미. 문장의 주체가 어떤 의도를 가지고 있을 때 쓰인다. 예문의 경우, 다툼이나 이별이 어떤 의도를 가질 순 없으니 이는 잘못된 표현이다. '태풍이 비껴가다.'처럼 스쳐 지나다라는 뜻을 나타내려면 '비껴가다'라고 써야 한다.

썩히는 ⋯▶ 썩이는

'썩히다'와 '썩이다'는 모두 '썩다'의 사동사이다. 그러나 '썩다'가 '음식이 썩다.'에서와 같은 뜻으로 쓰일 때는 '썩히다'가 맞고, '속을 썩다.'에서와 같은 뜻으로 쓰일 때는 '썩이다'가 맞다. 틀린 맞춤법으로 여자 친구의 속을 다시 썩이지 말자.

끓탕 ⋯▶ 끌탕

'속을 끓이다.'라는 표현은 맞지만, 그렇다고 '끓탕'이라고 쓰면 안 된다. 속을 태우는 걱정을 말하고 싶을 때는 '끓탕'이 아니고 '끌탕'이다.

"서슴치 않고 막 자르더라"

facebook

 SHIN young soo
4월 2일 오후 6:30 · 🌐

부시시한 머리 좀 어떻게 하려고 간만에 미용실에 다녀오심. 조금만 다듬어 달랬더니 어찌나 **서슴치** 않고 싹뚝싹뚝 잘라대던지.... 흐규... 그리하여 나의 기대에 전혀 **부흥하지** 못한 결과물 탄생. 애꿎은 돈만 날렸다 ㅠㅠ

👍 좋아요 | 💬 댓글 달기 | ➔ 공유하기

부시시한 ···▸ 부스스한

'부시시하다'가 더 익숙한 사람이 많을지도 모르겠다. 하지만 그건 표준어가 아니라 '부스스하다'의 북한어라는 걸 아는지? 비슷한 예로 '으시시하다'는 '<u>으스스하다</u>'의 북한어이다.

서슴치 ···▸ 서슴지

'서슴지'는 동사 '서슴다'의 어간인 '서슴-'에 '-지'가 붙은 것이다. '-지'가 아닌 '-치'가 되려면, 어간에 '-하-'가 포함되어 있어야 한다. 이와 비슷하게 잘 틀리는 말로는 '삼가다'가 있다.

부흥하지 ···▸ 부응하지

부흥은 종교 집회에 가서 하시고, 여기서는 '부응'이라고 써야 한다. '부흥하다'는 '다시 흥하게 하다.'는 뜻이다. '기대에 응하다.'라는 의미로 쓰고 싶다면 '부응하다'가 맞다.

애꿎은 ···▸ 애꿎은

정말 틀리기 쉬운 맞춤법이다. 이것과 비슷하게 헷갈리는 맞춤법으로 '짓궂다'가 있다. 만약 받침이 ㅈ인지 ㅊ인지 헷갈린다면, 어미를 활용하여 발음해 보자. '애꿎은'으로 활용하여 발음하면 '애꾸즌'이 된다. ㅈ받침이 뒤로 연음되면서 '즌'으로 발음되는 것이다.

"묘령의 할아버지가 쓰러지셨다"

 제보남 · 10분

여기는 OO 공원, 방금 전 **묘령의 할아버지** 한 분이 **미식거림**을 호소하다 쓰러지셨습니다. 쓰러지기 전, 누군가가 건넨 드링크제를 마셨다고 합니다. RT해 주세요.

 ♥ 25

↩ 3   27

 이게몬일
@제보남 헐...왠지 섬칫하네요

 두준꿍꼬또
@제보남 개무섭..별일 아녔음 하는 **바램**이에요

묘령의 할아버지 ···▶ 어떤 할아버지

'묘령'의 뜻을 제대로 알고 쓰자. '묘령'은 스무 살 안팎의 여자 나이를 뜻하는 말이라고! 예문의 표현을 그대로 풀이하면 '스무 살 안팎의 여자인 할아버지'인데, 이게 말이 되나? 아무 데나 '묘령' 붙이지 말자.

미식거림 ···▶ 메슥거림

속이 불편하고 울렁거릴 때 '속이 미식거린다.'는 표현을 자주 쓴다. 하나 올바른 표현은 '메슥거리다'이다. 비슷한 표현으로는 '메스껍다'가 있다.

섬칫 ···▶ 섬뜩, 섬찟

갑자기 소름이 끼치도록 무시무시한 느낌이 들 때는 '섬뜩'을 쓰는 게 맞다. 2014년부터 표준어로 인정된 '섬찟'도 사용 가능하다.

바램 ···▶ 바람

"그 애와 잘 되길 바라."가 틀린 문장일까? 아니다, 맞는 문장이다. 많은 사람들이 "바라"가 아닌 "바래"가 맞다고 생각하는데, 맞는 말은 '바라'이다. '바래다'가 아닌 '바라다'가 맞는 말. 따라서 명사형 또한 '바램'이 아니라 '바람'이 맞다.

"비로서 완성된 나의 컬렉션!"

Instagram

OH DEOK HOO

어제 산 아이언맨 피규어를 판매자가 드뎌 발송했단다. 특급소포로 **붙였다 니까** 이번 주 내로 오겠지? 이제야 **비로서** 나의 컬렉션이 완성되는구나! 아 이언맨님, 조심히 오시고 며칠 뒤에 **뵈요**!!
#아이언맨 #어서오소서 #완전신나 #웬지설레

붙였다니까 ⋯▶ 부쳤다니까

붙이긴 뭘 붙인다는 건지? 스티커는 '붙이는' 게 맞지만, 소포나 편지 같은 것은 '부치는' 게 맞다. 설마 소포를 벽이나 바닥에 붙일 생각은 아니겠지? 명절 때 먹는 전은 '붙이는' 거 아니고 '부치는' 거라는 사실도 기억해 두자.

비로서 ⋯▶ 비로소

이 둘 중에 어느 쪽이 맞는지를 놓고 한 번쯤 고민해 보지 않은 사람이 없을 것이다. 그만큼 자주 헷갈리는 단어. '비로소'가 맞는 말이다. '비로소'를 '비로서'와 헷갈리지 않을 때 비로소 맞춤법 좀 안다고 할 수 있을 듯.

뵈요 ⋯▶ 봬요

'뵈다'는 '보이다'의 준말이기도 하지만 '웃어른을 뵈다.'와 같이 쓰기도 한다. '봬요'는 '뵈어요'의 줄임말. 마찬가지로 '되어요'의 줄임말은 '되요'가 아니라 '돼요'라는 사실도 기억하자.

웬지 ⋯▶ 왠지

'웬'과 '왠'을 구분 못하는 경우가 많다. '웬일', '웬 남자가'와 같이, 대개는 '웬'을 쓰는 것이 맞다. 그러나 '왠지'만큼은 '왠'이 맞는데, '왜인지'의 준말이기 때문이다.

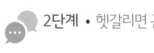

"나도 괜시리 사고 싶다"

Instagram

love_jun

♡ 💬 ↗

배게 사러 왔음! 예쁜 게 넘 많아서 고민고민! 봄이니까 **노랑색**으로 살까나?
#배게 #커버짱

romi_mom 나도 **괜시리** 사고 싶어지네 ㅎㅎ

베게 ···▶ 베개

간단하지만 헷갈리는 맞춤법. 잠을 잘 때 머리에 베는 것은 '배게'나 '벼개'가 아니라 '베개'이다. '베다'에 '-개'라는 접미사가 붙은 것이다. 예를 들어, '덮개'는 '덮다'의 어간에 '개'가 붙은 것이다.

노랑색 ···▶ 노란색

'노랑'은 그 자체로 색을 나타내기 때문에 뒤에 '색'을 붙일 필요가 없다. '빨강'도 마찬가지. 빨강은 '빨간 빛깔'을 뜻하므로 '빨강색'이 아닌 '빨간색'이라고 써야 한다.

괜시리 ···▶ 괜스레

'괜시리 외로운 날', '괜시리 설레는 것' 등 노래 가사 때문에 흔히 헷갈리는 맞춤법. 하나 괜시리는 표준어가 아니다. '괜스레'라고 써야 한다. '괜스레 외로운 날', '괜스레 설레는 것'이 맞는 표현임을 명심하자. 괜스레 '괜시리'가 맞는 것 같지만 '괜스레'가 맞는 말이다.

"명절 세러 갈 수 있을까?"

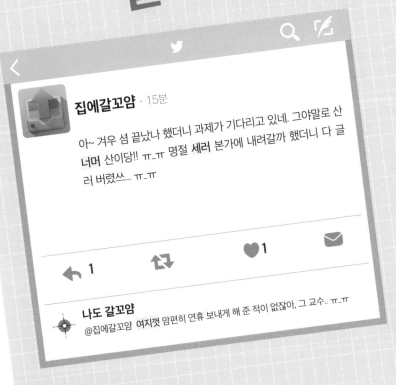

집에갈꼬얌 · 15분

아~ 겨우 셤 끝났나 했더니 과제가 기다리고 있네. 그야말로 산 너머 산이당!! ㅠ-ㅠ 명절 세러 본가에 내려갈까 했더니 다 글러 버렸쓰... ㅠ-ㅠ

↩ 1   ⟲   ♥ 1   ✉

나도 갈꼬얌
@집에갈꼬얌 여지껏 맘편히 연휴 보내게 해 준 적이 없잖아, 그 교수.. ㅠ-ㅠ

너머 ⋯⋯▶ 넘어

'산 넘어 산이다.'는 속담이다. '산을 넘었더니 또 산이 있다.' 즉, 어려움이 계속된다는 의미. 산을 넘는 동작을 나타내기 때문에 '넘어(넘다)'를 써야 한다. 반면 '너머'는 공간을 나타낸다. "우리 집은 산 너머에 있다."와 같이 쓴다.

세러 ⋯⋯▶ 쇠러

명절 연휴를 하루, 이틀, 사흘 하며 세는 건 가능하지만, 명절은 숫자처럼 셀 수가 없다. 명절이나 기념일 같은 것은 '세는' 게 아니라 '쇠는' 것이기 때문이다. '명절'을 '세는' 무식한 짓은 하지 말자.

여지껏 ⋯⋯▶ 여태껏, 입때껏

'여태'를 강조하는 말은 '여태껏'이다. 한 가지 팁을 주자면, 왠지 틀린 말일 것 같은 '입때껏'도 '여태껏'과 같은 뜻의 표준어라는 사실!

"구렛나루 생겼네?"

Instagram

son_babo

느지막히 얻은 우리 아들 생일
오늘 보니 **구렛나루** 생겼네? ㅎㅎ
이제 다 컸다~여자들한테 **둘러쌓일** 날도 얼마 안 남았네!
#생일케익 #훈남아들 #이제네살

느지막히 ⋯▶ 느지막이

느지막이 얻은 아들에게 부끄럽지 않은 부모가 되려면 맞춤법 공부 좀 하셔야겠다. '느지막하다'라는 같은 뜻의 형용사가 있기는 하지만, 부사는 '느지막히'가 아니라 '느지막이'이다.

구렛나루 ⋯▶ 구레나룻

구렛나룻, 구레나루, 구렛나루 등으로 다양하게 잘못 쓰이는 단어. 귀 밑에서 턱까지 난 수염은 '구레나룻'이라고 한다. '구레'는 소나 말의 목에서 고삐까지 얽어매는 줄을 나타내는 '굴레'의 옛말이며, '나룻'은 수염을 뜻하는 고유어이다.

둘러쌓일 ⋯▶ 둘러싸일

둘러서 감싸거나 둥글게 에워싸는 걸 뜻하는 동사는 '둘러싸다'이다. '둘러싸다'의 피동사는 '둘러싸이다'의 형태로 쓰인다. '둘러쌓다'는 둘레를 빙 둘러서 벽이나 담 같은 것을 쌓는다는 의미. 제발 맞춤법에 대한 지식을 좀 더 쌓도록 하자.

"돌 맞기 쉽상이야"

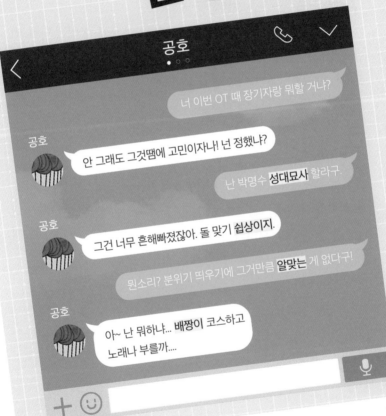

공호

너 이번 OT 때 장기자랑 뭐할 거냐?

공호
안 그래도 그것땜에 고민이자나! 넌 정했냐?

난 박명수 **성대묘사** 할라구.

공호
그건 너무 흔해빠졌잖아. 돌 맞기 쉽상이지.

뭔소리? 분위기 띄우기에 그거만큼 **알맞는** 게 없다구!

공호
아~ 난 뭐하냐... **배짱이** 코스하고
노래나 부를까....

성대묘사 ···▶ 성대모사

열에 아홉은 틀리는 맞춤법이 바로 '성대모사'이다. 성대가 어떻게 생겼는지를 그대로 묘사하고 싶은 게 아니라면 '성대묘사'라는 말은 이제 그만. '모사'의 '모(模)'는 본뜬다는 의미를 가진 한자로 '모창' 같은 말에도 쓰인다.

쉽상 ···▶ 십상

'돌 맞기 십상'을 아마도 '돌 맞기 쉽다.'라는 의미로 받아들이기 때문에 '쉽상'이라고 잘못 쓰는 게 아닐까. 하지만 '십상'은 '꼭 맞는다'라는 뜻을 가지고 있는 말이지 '쉽다'라는 말과는 상관이 없다. 뜻을 잘못 알고 있으니 틀리기 십상이지.

알맞느 ···▶ 알맞은

'-은'과 '-는'은 관형사형 어미인데, 형용사에는 '-은'을 결합시켜야 한다. 따라서 형용사인 '알맞다'는 '-은'을 결합시킨 '알맞은'이 맞다.

배짱이 ···▶ 베짱이

어릴 때 큰 교훈을 준 동화의 제목이 〈개미와 배짱이〉인지, 〈개미와 베짱이〉인지도 헷갈린다면 그건 슬픈 일이다. '배짱'과 '베짱이'는 아무 관계가 없다. 여름 내내 배짱부리며 신나게 놀다가 겨울에 개미에게 손 내미는 건 바로 '베짱이'임을 기억하자.

"매운 음식이 땅겨"

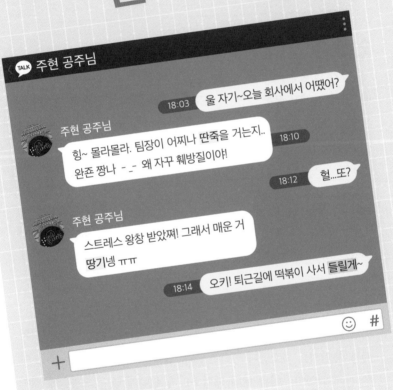

주현 공주님

울 자기~오늘 회사에서 어땠어? 18:03

주현 공주님
힝~ 몰라몰라. 팀장이 어찌나 딴죽을 거는지..
완쵼 짱나 - - 왜 자꾸 훼방질이야! 18:10

18:12 헐...또?

주현 공주님
스트레스 왕창 받았쪄! 그래서 매운 거
땅기넹 ㅠㅠ

18:14 오키! 퇴근길에 떡볶이 사서 들릴게~

☺ #

+

딴죽 ···▶ 딴지

'딴죽'은 이미 동의한 일에 대해 변덕을 부린다는 뜻이다. 일이 순순히 진행되지 못하도록 훼방을 놓는 상황이라면 '딴지'라는 표현을 쓰는 것이 맞다.

땅기넹 ···▶ 당기네

음식이 '땅기다' 혹은 '땡기다' 등의 표현을 자주 쓰나, 특정 음식이 먹고 싶어지거나 입맛이 돋우어질 때는 '당기다'를 쓰는 것이 맞다. '땅기다'는 '너무 웃어서 배가 땅긴다.'와 같이 쓴다.

들릴게 ···▶ 들를게

뭐가 들린다고? '들리다'는 '듣다'의 피동사로 '듣게 되다'라는 뜻이다. 지나가다 잠깐 들어간다는 의미는 '들르다'를 써야 한다. 활용형 또한 '들려'가 아니라 '들러'이다.

"니가 왠일이냐?"

TALK 17기

지난번 일은 내가 경솔했다. 20:03

괜한 불란만 일으켰네. 미안하다, 다들. 20:04

영기
어쭈? 니가 **왠일**이냐? 사과를 다 하고? 21:10

건영
영기 넌 말 좀 이쁘게 해라. 말투가 왜 그러냐. 21:21

영기
웬 지적질이야? 내가 틀린 말 했냐? 21:22

건영
그냥 받아주면 되지. 뭘 일일히 딴지를 걸고 그러냐. 우리 사이에. 21:24

☺ #

+

불란 ···▶ 분란

'불란'과 '분란'은 정반대의 뜻을 가지고 있다. '불란하다'는 혼란스럽지 않다는 의미이고 '분란'은 어수선하고 소란스럽다는 의미. 예를 들어, 질서 정연한 모습을 나타내는 말은 '일사불란'이다. 괜히 말 잘못했다가 정말로 분란이 생길지도 모른다.

왠일 ···▶ 웬일

"웬일이니?", "이게 웬 떡이냐?" 등에서는 모두 '웬'을 쓰는 것이 맞다. '왠'을 쓰는 경우는 단 하나, '왠지'뿐이다. '왠지'는 '왜인지'의 줄임말이기 때문에 '웬지'라고 쓸 수 없다. '웬 일'이라고 띄어 쓰지도 말자. '웬일'은 하나의 단어이다.

일일히 ···▶ 일일이

'이'를 붙이느냐 '히'를 붙이느냐는 영원히 헷갈리는 문제, 하지만 앞서 이미 한 번 나왔다. 부사어로 만드는 어미 중 '히'가 붙는 경우는 '-하다'로 끝나는 말뿐이라고! '일일하다'라는 말은 없으니 '일일이'가 맞다.

"문화재 보전에 힘 좀 쓰길"

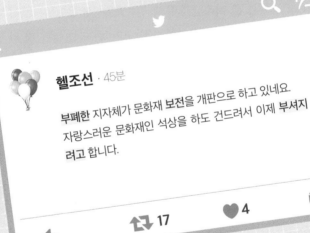

헬조선 · 45분

부폐한 지자체가 문화재 보전을 개판으로 하고 있네요. 자랑스러운 문화재인 석상을 하도 건드려서 이제 부셔지려고 합니다.

🔁 17   ♥ 4

지금 석상 보존 안했다고 뭐라고 할 때가 아닌 것 같다. 지자체 탓하기 전에 자랑스러운 한글의 맞춤법을 엉망으로 쓴 자기 자신부터 탓하자.

부폐 ···▶ 부패

뷔페도 아니고 '부폐'는 대체 무슨 말인가. '부패한 정치인'이나 '음식이 부패했다.'처럼 '부패'라고 쓰는 것이 맞다. 참고로, 여러 음식을 차려 놓고 직접 가져다 먹게 하는 식당은 '뷔페'이다.

보전 ···▶ 보존

생긴 것도 비슷하고 뜻도 비슷한 '보전'과 '보존'. 두 단어 모두 어떤 것을 보호하고 지킨다는 뜻을 가지고 있지만, 예문의 석상처럼 그냥 두면 훼손될 우려가 있는 것을 지킨다는 의미로 사용되는 것은 '보존'이다.

부셔지려고 ···▶ 부서지려고

'부셔'는 그릇 따위를 깨끗이 씻는다는 의미를 가진 '부시다'의 활용형이며, 두드려 깨뜨린다는 뜻의 단어는 '부수다'이다. 이 '부수다'에 대한 피동 표현은 '-어지다'가 붙은 '부숴지다'라고 생각하기 쉬우나, 이는 틀린 말이고 '부서지다'라는 단어를 써야 한다.

"여자 앞이라 쑥쓰럽더라"

막심 · 50분

어제 만난 소개팅녀 완전 대박! 게다가 얼굴도 안 보고 데려
간다는 세째 딸. 근데 간만에 여자 사람을 만나선지 어찌나
쑥쓰럽던지... 마구 움추리다 못해 긴장해서 트름 시전 ㅠ_ㅠ

♥6

세째 ┈▶ 셋째

첫째, 둘째, 셋째, 넷째, 다섯째, 여섯째, 일곱째……. 세째 아니고 '셋째'이다. 네째 아니고 '넷째'가 맞고. 이런 것도 몰라서야 어디 셋째 딸을 데려올 수나 있겠나!

쑥쓰럽던지 ┈▶ 쑥스럽던지

말할 때 발음은 '쑥쓰'로 날지언정 쓸 때는 '쑥스'가 맞다. 맞춤법에 자신이 없으니 당연히 쑥스러울 수밖에!!! 그나마 '쑥쓰럽든지'라고 하지 않은 게 다행.

움추리다 ┈▶ 움츠리다

아이고~ 앞 글자인 '움'의 모음 때문에 두 번째 글자도 '추'라고 쓰고 싶으셨나 보네. 하지만 앞 글자의 모음과 상관없다. '추'가 아닌 '츠'가 맞다. 이젠 여자 사람 앞에서 움츠리지 말기를!

트름 ┈▶ 트림

인정한다. '트림'이 표준어이지만 발음은 '트름'이 더 쉽다. 왜냐, 같은 모음이 연달아 나오니까. 그러나 맞는 말은 '트림'이다. 편한 것이 꼭 옳지만은 않다는 사실을 명심하자.

"정말 희안한 사람이야"

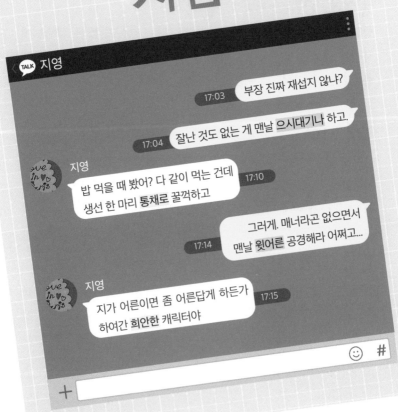

으시대기나 ⋯▸ 으스대기나

정말 많이 틀리는 맞춤법 중 하나. '으스스하다'가 맞는 말인 것처럼, 이것도 '으스대다'가 맞는 말이다. 앞으로는 맞춤법 제대로 알고 뒷 담화 하자.

통채로 ⋯▸ 통째로

생선 한 마리 혼자서 꿀꺽한 부장이 '노 매너'라는 것엔 동의하나, 당 신의 맞춤법엔 동의하지 못하겠다. 덩어리 전부를 일컫는 말은 '통 째'이다. 보통 '통채'로 발음하기도 하나, 이는 잘못된 것이다. 발음도 '통째'로 해야 한다.

윗어른 ⋯▸ 웃어른

표준어는 '웃어른'. '윗니/아랫니', '윗도리/아랫도리'처럼 '위'와 '아 래'의 대립이 있을 때는 명사 '위'에 맞춰 '윗-'으로 통일하고, '위-아 래'의 대립이 없을 때는 '웃-'으로 적는다. '웃어른'의 경우 '아래 어 른'이 있을 수 없으므로 '윗어른'이 아닌 '웃어른'으로 써야 한다.

희안한 ⋯▸ 희한한

드물거나 신기하다는 뜻의 형용사는 '희한하다'이며, 발음은 [히한하 다]로 해야 한다. 부장 욕할 시간에 당신의 희한한 맞춤법부터 반성 하는 게 어떨까?

"그것이
숫놈의 숙명!"

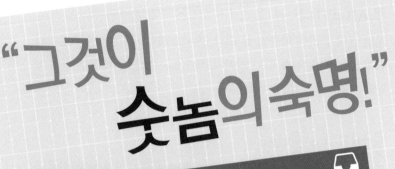

Instagram

SHIN SEONG MOOK

임신한 와이프가 갑자기 떡볶이가 먹고 싶다 그래서 어젯밤 **악천우**를 뚫고 사다 바쳤다. 근데 오늘은 **육계장**이 먹고 싶단다. 벌써 일주일째 반복중이다. 지금 밤 12시가 다 됐는데 과연 문 연 집이 있을까....? 여보야, 내일 먹으면 안되겠니...? ㅠ_ㅠ 이런 게 **숫놈**의 숙명인 건가? ㅠㅠ

악천우 ⋯▸ 악천후

매우 궂은 날씨를 뜻하는 단어는 '악천우'가 아니고 '악천후'이다. 설마 마지막 글자가 '비 우(雨)'라고 생각하고 있었던 건 아니겠지? 미안하지만 '기후'를 나타내는 '기후 후(候)'라는 말씀!

육계장 ⋯▸ 육개장

얼큰한 국물에 쇠고기를 쭉쭉 뜯어 넣은 국의 이름은 육개장이다. 계장은 회사 직책 이름이고. 혹자는 쇠고기 대신 닭고기를 넣으면 '닭 계(鷄)'를 써서 '육계장'이 되는 게 아니냐고 우기기도 하는데, 아니다. 그건 '닭개장'이라고 부른다.

숫놈 ⋯▸ 수놈

'숫놈'이라고 많이 쓰고 있고, 왠지 더 자연스럽게 발음되기도 하지만 맞는 말은 '수놈'이다. 수컷을 가리키는 접두사는 '수'로 통일하기로 맞춤법 규정에서 정하고 있기 때문에 '수놈'이 맞는 말.

"가족적인 분위기를 지양해요"

facebook

 OO 커뮤니케이션즈
3월 2일 오전 6:30 · 🌐

글로벌 컴퍼니로 성장해 나가는
OO커뮤니케이션즈와 함께할 인재를 모집합니다.

OO커뮤니케이션즈는 가족적인 분위기를 지양합니다.
사장님을 아버지처럼, 팀장님을 형처럼...아시죠?
열정 페이? 그게 뭐죠? 먹는 건가...
저희는 인권비 떼먹거나 그런 일 절대 없습니다.
투잡도 가능! 짭짤한 수입을 보장합니다!

→ 공유하기

👍 좋아요   💬 댓글 달기

지양 ⋯▶ 지향

회사 분위기가 결코 가족적이지 않다는 건가? 사장님이 아버지 같고, 팀장님이 형 같은 분위기임을 강조하고 싶으면 '지양'이 아니라 '지향'을 써야 한다. '지양'에는 '어떤 것을 하지 않는다.'는 의미가 담겨 있기 때문에 '지향'과는 반대의 의미라고 할 수 있다. 잘못된 맞춤법 때문에 회사가 비호감이 되었다는 사실을 아는지?

인권비 ⋯▶ 인건비

인권비라니……. 인권을 유지하는 데 드는 비용이라는 신조어인가? 사람을 부리는 데에 드는 비용을 뜻하는 말은 '인건비'이다. 인건비도 떼먹지 말고, 맞춤법도 제대로 지키길.

짭잘한 ⋯▶ 짭짤한

수입이나 음식은 '짭잘'한 게 아니고 '짭짤'해야 한다. 이는 한 단어 안에서 같은 음절이나 비슷한 음절이 겹쳐 나는 부분은 같은 글자로 적어야 하기 때문이다. 부디 좋은 인재를 채용하여 짭짤한 회사로 거듭나길!

"너무 오지랍 넓게 굴었나?"

아하 · 3분

아.. 괜히 **엉겹결**에 남의 쌈에 껴들어 버렸네.. 오지랍 넓게 구는 게 아니었는데 ㅠㅠ 나 회사에서 **짤리**는 거 아니겠지..? 좀 꺼름직하네 ㅠㅠ

♥ 1

엉겁결 ⋯▸ 엉겁결

비슷한 글자인 '결'이 겹쳐 온다고 해서 '겁'을 '겹'으로 만들어서는 안 될 일! '엉겁결'이 맞는 말이다. 보통 '엉겁결에'와 같이 쓰인다.

오지랍 ⋯▸ 오지랖

"이런 오지라퍼 같으니라고!!!" 오지랖 넓게 여기저기 끼어드는 사람을 '오지랖'에 '-er'을 붙여 '오지라퍼'라고들 하는데, 마지막이 '퍼'라고 발음된다는 것은 곧 마지막 글자의 받침이 'ㅂ'이 아닌 'ㅍ'이라는 얘기다. 그렇게 생각하면 쉽지 않은가?

짤리는 ⋯▸ 잘리는

참~ 우리나라 사람들, 센 발음 좋아하는 경향이 있다. 하지만 '짤리다' 아니고 '잘리다'가 맞는 말. '짤리다'가 느낌은 팍! 오지만 그렇다고 틀린 말을 쓰는 것은 안 될 일!

꺼름직하네 ⋯▸ 꺼림직하네

원래 '꺼림직하다'는 표준어가 아니라 '꺼림칙하다'의 잘못이었다. 그러나 2018년 10월에 표준어로 인정되었다. '꺼림직이', '께름직하다'도 새롭게 표준어가 되었다. '꺼림직이'와 '꺼림칙이', '꺼림직하다'와 '꺼림칙하다', '꺼림하다'와 '께름하다', '께름직하다'와 '께름칙하다'는 서로 같은 뜻을 가진 표준어이다.

"어줍잖은 공연보다 낫다"

Instagram

KIM SO YOUNG

여행 중에 본 오페라. **어줍잖은** 유명 가수 공연보다 백배 낫다.

#우뢰와_같은_박수 #오페라보는여자

어줍잖은 ⋯▶ 어쭙잖은

허세타그램 올릴 때 주의할 점. 맞춤법이 틀리면 좀 '없어' 보인다. 아주 서투르고 어설프다는 뜻을 가진 단어는 '어쭙잖다'이다. 어쭙잖아 보이지 않으려면 제대로 알고 쓰길.

우뢰 ⋯▶ 우레

어릴 때 '우뢰매'를 감명깊게 본 건가? '천둥'과 같은 뜻을 가진 단어는 '우레'이다. 천둥을 뜻하는 한자가 '뢰(雷)'이기는 하지만, 우레는 그것과 상관없는 순우리말이다.

"내 말 잃어버렸냐?"

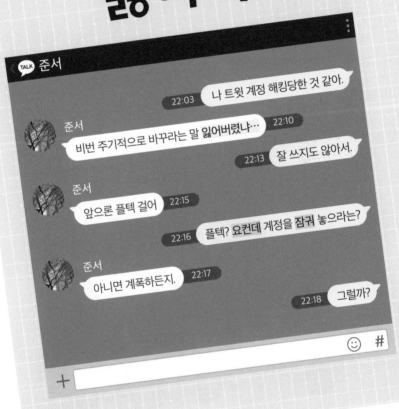

TALK 준서

22:03 나 트윗 계정 해킹당한 것 같아.

준서 22:10
비번 주기적으로 바꾸라는 말 잃어버렸냐…

22:13 잘 쓰지도 않아서.

준서 22:15
앞으론 플텍 걸어

22:16 플텍? 요컨데 계정을 잠궈 놓으라는?

준서 22:17
아니면 계폭하든지.

22:18 그럴까?

☺ #

+

잃버렸냐 ┈▶ 잊어버렸냐

'잊다'는 '까먹다'의 의미이고 '잃다'는 '사라지다'의 의미이다. '할 말을 잃다.'라는 표현은 가능하지만 '(다른 사람에게 들은)말을 잃다.'라고는 쓸 수 없다. 물건은 잃어버리는 거고 다른 사람에게 들은 말은 잊어버리는 거다.

요컨데 ┈▶ 요컨대

'요컨대'는 '요약하건대'의 준말이다. 한때 광고를 통해 유행하던 '단언컨대'는 '단언하건대'의 준말이고. '-건대'는 연결 어미.

잠궈 ┈▶ 잠가

'잠구다'가 아니라 '잠그다'가 맞기 때문에 '잠궈'가 아니라 '잠가'라고 써야 한다. 제발 '잠궈'가 맞다는 생각은 꽁꽁 잠가서 버리기를!!

"생긴데로 놀고 있네"

TALK 파이팅~ 영업3팀

옆 팀 김대리, 양다리라며?　14:03

홍대리
정말? 역시 생긴데로 논다더니　14:10

이대리
진짜 망칙하네.　14:12

홍대리
내가 연애하냐고 했을 때 손사레 치면서 아니라고 하더니만　14:13

쑥맥처럼 위장한 거였어!　14:16

이대리
웃긴다 진짜.　14:18

☺ #

＋

생긴데로 ···▶ 생긴 대로

'대로'가 아닌 '데로'를 쓰고 싶다면 "홍대 앞에 새로 생긴 데로 가자."와 같이 써야 한다. '데'는 장소를 나타내는 의존 명사이기 때문이다. 예문의 '생긴 대로'를 비롯하여, '말한 대로', '본 대로' 모두 '대로'를 쓰는 것이 맞다.

망칙하네 ···▶ 망측하네

당신의 맞춤법도 망측하군. '망칙하다'는 '망측하다'의 잘못이다. '해괴망칙', '괴상망칙' 등도 '해괴망측', '괴상망측'으로 써야 한다.

손사레 ···▶ 손사래

사레 걸린 것도 아니고 손사레는 대체 무슨 말인지? 어떤 말이나 사실을 부정하는 손짓은 '손사래'가 표준어이다.

쑥맥 ···▶ 숙맥

강하게 발음하다 보면 '쑥맥'이 되고 이를 그대로 표기하는 경우도 많은데, 숙맥은 콩 숙(菽), 보리 맥(麥)으로 이루어진 말이며 발음은 '숭맥'이다. '콩인지 보리인지 분별하지 못한다.'는 뜻의 사자성어 '숙맥불변(菽麥不辨)'에서 나온 말로, 세상 물정을 잘 모르는 사람을 뜻한다.

"멸치를 한 웅큼 넣어"

facebook

cha ji young ·
6월 21일 오후 8:30 · 🌐

처음으로 손칼국수에 도전해 봤다. 밀가루를 반죽해서 홍두깨로 밀어 **널쩍**하게 편 다음 몇 겹으로 겹쳐서 칼로 썰었다. 멸치를 한 **웅큼** 넣어 미리 만들어 놓은 육수에 넣고 한소끔 끓여서 완성! 뿌듯뿌듯~!!! 근데... 근데... 우리 자기야가 운동하다가 땀에 **쩐** 채 들어와서 시원한 거 먹고 싶단다. ㅠ_ㅠ 내 칼국수 어쩔... ㅠ_ㅠ

👍 좋아요   💬 댓글 달기   ➜ 공유하기

널쩍하게 ···▶ 넓적하게

'널쩍하다'는 어디에서 온 말인지 모르겠다. 아마도 '넓적하다'의 '넓'을 발음할 때 ㄹ받침을 살려서 발음한 것이 아닌가 싶다. 혹은 ㅂ받침을 살려서 '넙쩍하다'라고 쓰기도 하는데, 편편하고 얇으면서 꽤 넓다는 의미의 단어는 '널쩍하다'도 '넙쩍하다'도 아닌 '넓적하다' 이다.

웅큼 ···▶ 움큼

손으로 한 줌 움켜쥘 만한 분량을 세는 단위는 '움큼'이다. '웅큼'으로 착각하는 경우가 많지만, 이건 '움큼'의 북한어일 뿐. 그러니 발음할 때부터 주의하자.

쩐 ···▶ 전

표준어는 '쩔다'가 아닌 '절다'이다. 따라서 예문에서는 '땀에 쩐'이 아니라 '땀에 전'이 맞다. '배추를 소금에 절이다.'의 '절이다'가 바로 '절다'의 사동사라는 것을 기억한다면 틀리지 않을 듯.

"힘들어서 개거품 물 뻔"

Instagram

Mountain_Lover

모자를 **비스듬하게** 쓰고 산행 시작! 어떤 **응큼한** 남자가 작업 걸어온 건 자랑. 1시간 만에 힘들어서 **개거품** 문 건 안 자랑 ㅋㅋ

비스름하게 ⋯▶ 비스듬하게

모자를 '비스름하게' 쓴 게 아니라 '비스듬하게' 쓴 거겠지! '비스름하다'는 '비슷하다'는 뜻으로, '아버지와 아들은 생김새가 비스름하다.'처럼 쓰인다. 한쪽으로 기운 모양은 '비스듬하다'라고 표현해야한다.

응큼한 ⋯▶ 엉큼한

그 남자가 응큼한 마음을 가지고 있었다는 것은 절대적으로 당신의 오해이다. '엉큼한' 마음을 가질 수는 있어도 '응큼한' 마음을 가질 수는 없기 때문. 만약 당신의 맞춤법 실력을 미리 알았더라면, 남자는 작업을 안 걸었을지도 모르는 일이다.

개거품 ⋯▶ 게거품

몹시 흥분했을 때 입에서 나오는 거품 같은 침은 '게거품'이다. 개가 흥분했을 때 나오는 거품을 연상해서 '개거품'으로 쓰기 쉬우나, 멍멍 개가 아니라 갑각류 게이다. '게거품'은 과학적 근거가 있는 단어이다. 게는 위험에 맞닥뜨리면 입에서 거품을 뿜어내기 때문.

"몽이는 짓궂어!"

몽이맘 · 8시간

아~ 귀여운 애교장이 우리 몽이!! 일부러 **짓궂게** 화난 척했더니 내 뒤를 졸졸 **좇아다니며** 칭얼대는 중ㅋㅋㅋㅋㅋㅋㅋ 이 엄마가 몽이 많이 사랑해 ㅠ_ㅠ!

↩ 12   ⇄ 61   ♥ 53

장이 ⋯▶ 쟁이

'장이'는 '대장장이'처럼 어떤 기술을 가진 사람을 뜻하는 접미사이다. 그리고 '쟁이'는 어떤 성격이나 속성을 가진 사람을 뜻하는 접미사이고. 따라서 '애교쟁이', '떼쟁이'가 맞는 말. 참고로 '쟁이'가 어떤 직업을 가진 사람을 뜻하기도 하는데, 그건 낮잡아 이르는 경우이다.

짖궂게 ⋯▶ 짓궂게

짖궂다, 짖굿다, 짓궂다, 짓굿다, 짓궂다, 짓궃다······. 대체 어떤 게 맞는 말인지 헷갈리기 쉽다. 정답은 '짓궂다'이다. '궂'의 받침이 'ㅈ'인 것은 '짓궂은'을 만들어 발음해 보면 알 수 있는 일. '짓'의 받침이 'ㅅ'인 것은 그냥 외우자.

좆아다니며 ⋯▶ 쫓아다니며

'좇다'가 '쫓다'보다 여린 느낌을 주는, 같은 뜻의 단어라고 생각하면 곤란하다. 두 단어는 엄연히 뜻이 다르므로 구분해서 써야 한다. '범인을 쫓다.'처럼 몸을 움직여 뒤를 급히 따르는 것은 '쫓다'를 쓰고 '부모님의 뜻을 좇다.'나 '행복을 좇다.'처럼 다른 사람의 말이나 뜻을 따르거나 행복 등을 추구하는 것은 '좇다'를 쓴다.

"왜 그리 안절부절해?"

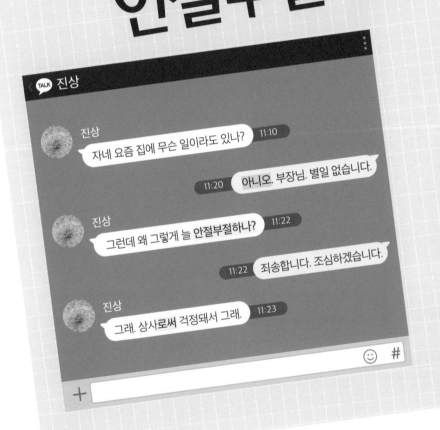

TALK 진상

진상
자네 요즘 집에 무슨 일이라도 있나? 11:10

11:20 아니오. 부장님. 별일 없습니다.

진상
그런데 왜 그렇게 늘 안절부절하나? 11:22

11:22 죄송합니다. 조심하겠습니다.

진상
그래. 상사로써 걱정돼서 그래. 11:23

☺ #

＋

아니오 ┈▶ 아니요

아무리 '진상' 부장이어도, 맞춤법은 지키자. '아니오'와 '아니요'는 상황에 따라 다르게 쓰인다. '아니오'는 어떤 사실을 부정하는 뜻인 '아니다'의 활용형으로, '그것은 내 잘못이 아니오.'처럼 쓰인다. 반면 '아니요'는 '네, 아니요로 대답하시오.'처럼 누군가의 질문에 부정으로 대답할 때 쓴다. '아뇨'는 '아니요'의 준말이다.

안절부절하나 ┈▶ 안절부절못하나

부장님이 잘못했네. '안절부절하나'라니. 부사인 '안절부절'이 불안해서 어찌할 바를 모르는 모양을 뜻하기는 하지만, '안절부절하다'는 틀린 말이다. 직원에게 맞춤법 실수를 지적받고 안절부절못하는 모습 보이기 싫으면 앞으로 신경 쓰세요, 부장님.

로써 ┈▶ 로서

지위나 신분 또는 자격을 나타내는 격 조사 '-로서'를 붙여야 한다. '-로써'는 '대화로써 갈등을 풀다.'처럼 어떤 일의 수단이나 도구를 나타내는 격 조사로 쓰인다. '올해로써 어머니가 돌아가신 지 10년이 흘렀다.'처럼 시간을 셈할 때 셈에 넣는 한계를 나타내기도 한다.

"칠흙 같은 어둠"

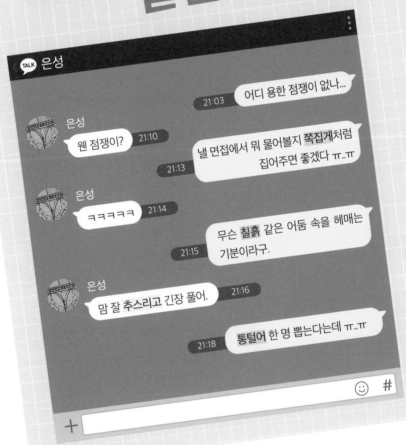

TALK 은성

어디 용한 점쟁이 없나...
21:03

은성
웬 점쟁이? 21:10

낼 면접에서 뭐 물어볼지 **쪽집게**처럼
21:13   집어주면 좋겠다 ㅠ_ㅠ

은성
ㅋㅋㅋㅋㅋ 21:14

무슨 **칠흙** 같은 어둠 속을 헤매는
21:15   기분이라구.

은성
맘 잘 **추스리고** 긴장 풀어. 21:16

21:18   **통털어** 한 명 뽑는다는데 ㅠ_ㅠ

☺ #

+

쪽집게 ⋯▶ 족집게

'쪽집게'라고 강하게 발음하면 좀더 정확하게 집어 줄 것 같은가? 아니다. 그건 단지 틀린 맞춤법일 뿐이다. 강하게 발음하는 버릇은 좀 넣어 두자. '족집게'가 맞다.

칠흙 ⋯▶ 칠흑

'어둡다', '캄캄하다'의 뜻을 가지고 있는 '칠흑'은 '옻 칠(漆)'과 '검을 흑(黑)'으로 이루어진 한자어이다. 한자어라는 것을 안 이상, '칠흙'이라고 잘못 쓰는 일은 없겠지? '흙'은 순우리말이니까 말이다.

추스리고 ⋯▶ 추스르고

'추스리다'라고 잘못 쓰는 경우도 있고 '추슬르다'라고 잘못 쓰는 경우도 있지만 맞는 말은 '추스르다'이다. 참고로 '추스르다'는 '추슬러'라고 활용된다. '추스러'라고 쓰지 않도록!

통털어 ⋯▶ 통틀어

'통털어'라고 잘못 쓰는 이유는 아마도 '통째로 탈탈 털어'라고 뜻풀이 하는 데에서 비롯된 것이 아닐까? 있는 걸 모두 합한다는 뜻이 맞기는 하지만, '통털어'가 아니라 '통틀어'가 맞는 말이다.

"건데기만 골라 먹었네"

facebook

예린
10월 11일 오후 6:30 · 🌐

며칠 째 사료를 줘도 영 **시덥잖아** 해서
채소랑 고기 넣고 수프 끓여 줬더니 **건데기만** 골라 드신 분 ㅋㅋ
지금은 상 위에 올라와서 방해 모드...애 집사 노릇 힘들구만 ^O^;;

👍 좋아요 | 💬 댓글 달기 | ➤ 공유하기

시덥잖아 ···▶ 시답잖아

'시답잖다'는 '實(열매 실) + 답잖다'로 이루어진 단어로, '실'의 음이 '시'로 바뀐 것이다. 만족스럽지 못하다는 의미를 가진 형용사이다.

건데기 ···▶ 건더기

흔히 '건데기'라고 발음하나 표준어는 '건더기'이다. 이는 모음이 다른 모음이나 자음에 영향을 받아서 그와 비슷한 성질로 변하는 '모음 동화'에 의한 것이다.

애 ···▶ 얘

'애'는 '아이'의 준말이고, '얘'는 '이 아이'의 준말이다. 따라서 예문의 경우 '얘'라고 표현하는 게 맞다. '걔'는 '그 아이'의 준말이다.

"해꼬지를 당할지도 몰라"

은대

은대
와, 저 인간 욕 정말 찰지게 하지 않냐?

그러게나 말이다 ㅎㄷㄷ

그렇게나 **텃새** 부리더니 기어이 갈 데까지 가는구나.

은대
가서 말려야 되는 거 아니냐...

아서라. 그러다 무슨 **해꼬지**를 당할지 몰라.

은대
하긴, 후한이 두렵긴 하다.

텃새 ⋯▶ 텃세

하늘을 날아다니는 새를 얘기하고 싶은 게 아니라면 '텃새'가 아닌 '텃세'라고 써야 한다. '텃새'는 철에 따라 옮겨 다니지 않고 한곳에서 사는 새를 가리키는 말. '텃세'는 '자리'를 의미하는 '터'와 '세력'을 의미하는 '세'가 합쳐진 말이다.

해꼬지 ⋯▶ 해코지

꼬치구이를 떠올리고 '해꼬지'라고 쓰는 건가? 표준어 같지 않아 보인다 한들, 남을 해치려고 하는 짓은 '해코지'가 맞다.

후한 ⋯▶ 후환

'후한'은 과거 중국에 존재하던 나라 이름. 갑자기 중국 역사에 관심이 생겼을 리는 없고. 어떤 일 때문에 뒷날 생기는 걱정은 '후환'이다. 이 또한 한자로 생각하면 틀릴 수 없는데, '뒤 후(後)'와 '근심 환(患)'으로 이루어진 말이기 때문이다.

이럴 땐 이 말!

말에도 적재적소가 있다. 생긴 게 비슷하다고 해서, 혹은 뜻이 비슷하다고 해서
아무 데나 막 쓰면 곤란하다. 생긴 건 비슷해도 뜻이 다른 경우가 있고,
뜻이 비슷하다고 해도 상황에 따라 가려 써야 하는 경우가 있다.
우리가 별 생각 없이 쓰지만 엄연히 가려 써야 하는 말 중에서 대표적인 것들을 알아보자.

• 결제 vs. 결재

· 돈 없으면 카드로 결제하면 되지.
· 어제 그 기획안, 결재 났어?

'결재 서류'와 같이, 상관이 부하가 제출한 안건을 검토하고 허가한다는 의미로 쓰일 때는 '결재'라고 써야 한다. 그러나 '카드 결제'와 같이 돈 같은 것을 주고받아서 거래를 끝낸다는 의미일 때는 '결제'를 써야 한다.

• 맞히다 vs. 맞추다

· 문제를 맞히면 선물을 드립니다.
· 시험 답안지 좀 맞춰 봐야지.
· 나 직소퍼즐 잘 맞추는데.

SNS 마케팅 담당자의 열에 아홉은 '문제를 맞추면'이라고 쓰는 듯. 문제는 '맞추는' 게 아니라 '맞히는' 거다.
'맞추다'는 서로 비교할 때 혹은 떨어져 있는 부분을 제자리에 갖다 붙일 때 사용한다.

• 박이다 vs. 박히다

· 하도 걸었더니 발바닥에 굳은살이 박였어.
· 너 때문에 내 가슴에 대못이 박혔어.

'박이다'는 '버릇이 몸에 박이다.'와 같이, 어떤 생각이나 버릇 같은 게 깊이 밴 것을 의미하거나, 굳은살이 생긴 것을 뜻한다. 반면 '박히다'는 '박다'의 피동사. '못이 박혔다'거나 '머릿속에 박혔다.'와 같이 사용한다. 굳은살은 박히지 않고 박인다.

- 붇다 vs. 불다
· 라면 붇는다. 어서 먹어.
· 갑자기 바람이 불기 시작하네?

라면과 국수는 붇는 거고, 바람은 부는 거다. 국수나 라면처럼 물에 젖어서 부피가 커지는 건 '붇다'를 쓴다.

'붇다'를 '불다'와 헷갈리는 이유는, '붇다'가 활용될 때 '불어' 혹은 '불은'으로 변하기 때문. 그러나 아무리 '라면이 불어'도 기본형은 '불다'가 아니고 '붇다'이다.

- 인재 vs. 재원
· 수진이는 우리 학교에서 최고로 인정받는 재원이야.
· 김 군, 자네는 우리 회사에 꼭 필요한 인재일세.

성별에 따라 달리 써야 하는 단어들이 있다. '아저씨'라는 말처럼 말이다. '재원' 역시 그러한데, 젊은 여자에게만 사용할 수 있는 말이다. 반면, '인재'는 남녀 모두에게 사용할 수 있다. 그러니 남자에게 '재원'이라고 표현하는 실수는 하지 말자.

- 장본인 vs. 주인공
· 어제 교통사고를 일으킨 장본인은 바로 김 씨였다.
· 이번 계약을 성사시킨 주인공은 박 대리이다.

뜻은 같아 보여도 엄연히 가려 써야 한다. '장본인'은 부정적인 의미, '주인공'은 긍정적인 의미일 때 사용한다. 특히 '장본인'을 마치 좋은 의미인 것처럼 쓰는 일이 많은데, 앞으로는 좋은 일에는 '주인공'을 쓰도록 하자.

- 홑몸 vs. 홀몸
· 임신했으니 홑몸도 아닌데 조심해야지.
· 그 사람은 부모 형제가 없는 홀몸이다.

임신한 사람에게 '홀몸이 아니다.'라고 말하는 경우가 있는데, '홑몸'이라고 쓰는 게 맞다. 그러나 두 번째 예문의 경우에 '홀몸'과 '홑몸'을 모두 사용할 수 있다. 참고로 '홑몸'은 '혼몸'으로 읽는다.

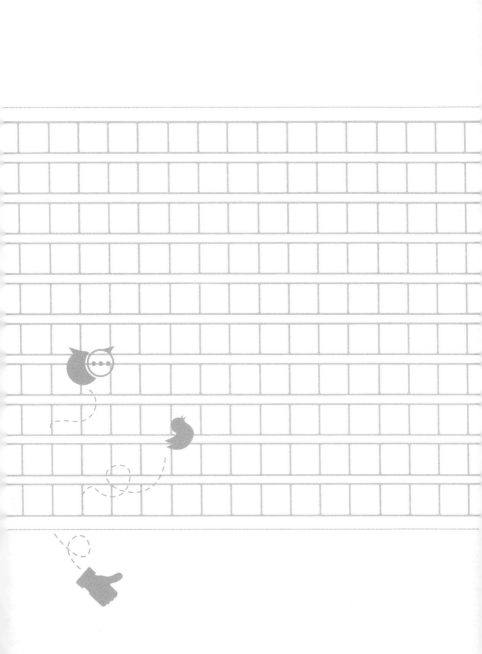

3단계

나 혼자만 알 거야!

나를 돋보이게 하는 군계일학 맞춤법 필살기

너무 많은 사람들이 잘못 사용하고 있어서
마치 표준어인 것처럼 생각되는 말들이 있다.
하지만 남들이 틀리는 와중에 당신 혼자만 맞는 단어를 쓴다면
어깨가 절로 으쓱하게 될 것이다.
당신을 보는 사람들의 눈도 달라질지 모르고.
이것만 알고 있으면 당신은 SNS 맞춤법 도사!

곁땀 (O) 겨땀 (X)

걔는 곁땀이 너무 많아.

'겨드랑이에서 나는 땀'을 줄여서 '겨땀'이라고 부르는 거 같다고? 제법 그럴듯한 말이다. 하긴, 워낙 줄여 쓰기 좋아하는 요즘엔 '겨땀'이 틀린 말도 아닐 거다. 그런데 '겨드랑이에서 나는 땀'을 뜻하는 우리말 단어가 있다. 바로 '곁땀'이라는 말.
앞으론 '겨땀' 말고, 표준어 '곁땀'을 쓰도록 하자!

고난도 (O) 고난이도 (X)

김연아 선수는 고난도 기술을 너무 잘해낸단 말야.

'난도(難度)'는 '어려운 정도'라는 뜻이고 '난이도(難易度)'는 '어려움과 쉬움의 정도'라는 뜻이다. 두 단어 중에서 앞에 '높다'라는 뜻을 가진 한자 '고(高)'가 올 수 있는 단어는 바로 '난도'다. '어려움의 정도가 높다, 크다'는 의미인 '고난도'가 되는 거다.
만약 '난이도' 앞에 '고(高)'가 붙는다면? '어려움과 쉬움의 정도가 높다.'라는 건 말이 안 되니까 '고난이도'라는 말은 틀린 거다.

구시렁 (O) 궁시렁 (X)

그만 좀 구시렁거릴 수 없니?

왠지 이 책을 읽는 당신의 구시렁거리는 소리가 들리는 듯하다. 무언가 못마땅할 때 '궁시렁궁시렁'이라고 흔히 표현한다. 그러나 '구시렁구시렁'이 맞는 말. '구시렁'은 '구시렁거리다'라는 말의 어근이다. 앞으로는 궁시렁거리지 말고 구시렁거리도록 하자.

굽신거리다 (○) 굽실거리다 (○)

뭘 그렇게 굽신거리냐?
하여간 재는 교수님한테 너무 굽실거려.

우리가 흔히 사용하는 건 '굽신거리다'이다. 그러나 '굽실거리다'도 맞는 말. 행여, 누군가 '굽실거리다'라는 표현을 썼는데 맞춤법이 틀렸다고 구박하지 말기를. 그건 당신의 무식을 드러내는 행위이다.

꿰맞추다 (○) 껴맞추다 (✕)

제발 아무렇게나 꿰맞추지 말아 줄래?

맞지도 않는데 적당히 갖다 맞추는 걸 의미하는 단어가 '껴맞추다'라고 알고 있는 사람이 많을 것이다. '끼워맞추다'라는 말을 줄여서 '껴맞추다'를 써야 할 것 같지 않은가. 그런데 어쩐다? '꿰맞추다'가 맞는 말이다.
물론 '끼워서 맞추다'라는 표현은 가능하다. '퍼즐 한 조각을 끼워서 맞추다.'라는 말은 틀린 게 아니니까. 하지만 '껴맞추다'라는 단어는 없으니까 아무 상황에나 꿰맞추지 말아 주길.

닦달 (○) 닥달 (✗)

왜 자꾸 닦달이야!

'닥달'이라고 쓰고 싶으면 북한으로 가라. 북한에서는 맞는 말이니까. 하지만 우리나라에서 표준어는 '닦달'이다. 받침이 다소 생소해 보일지라도 닦달에 익숙해지도록 하자. 닦달에는 남을 윽박질러 혼낸다는 의미 외에 물건을 손질하고 다듬는다는 의미도 있다.

도긴개긴(○) 도찐개찐(✗)

이거나 저거나 도긴개긴이야.

비슷비슷해서 거기서 거기라는 의미를 가진 단어는 '도긴개긴'이다. 여기에서 '도'와 '개'는 윷놀이에서의 '도'와 '개'이다. 도찐개찐, 도긴개낀 등 다양하게 잘못 쓰고 있으나 맞는 말은 도긴개긴이다. 예전에는 '도 긴 개 긴'으로 모두 떼어 썼지만, 2015년부터 '도긴개긴'이 표준어로 인정받았다.

돋치다 (○) 돋히다 (✕)

넌 꼭 날개 돋친 천사 같아.

천사의 날개, 악마의 뿔. 두 개의 공통점은? 바로 '돋친다'는 거!
'돋다'에 '히'를 붙이면 안 되냐고? 물론 안 된다. '-이-' '-히-' '-리'
'-기' 같은 접미사가 붙어서 피동사를 만들 수 있는 건 타동사인데
'돋다'는 피동으로 만들 수 없는 자동사이다. 그래서 '히'가 붙을 수
없다.

들입다 (○) 드립다 (✕)

들입다 먹어 대더니, 결국 배탈이 났구나?

'드립다'도 '디립다'도 아니다. '들입다'가 표준어이다. '드립다'는 아
예 틀린 말이고, '디립다'는 평안도 방언이다.
요즘 각종 '드립'이 난무한다고 해도, 그리고 아무리 발음이 입에 착
착 붙는다고 해도 들입다 '드립다' 또는 '디립다'라고 쓰는 실수는 하
지 말자. 자꾸 헷갈린다면 차라리 같은 뜻을 가진 '들이'나, 비슷한 뜻
의 '마구'를 쓰도록 하자.

~ㄹ는지 (○) ~ㄹ런지 (×) ~ㄹ른지 (×)

네가 과연 약속을 지키기는 할는지.

이거 헷갈리는 사람 정말 많다. 이 기회에 기억해 두자. 어떤 불확실한 일에 대해서 의문을 담은 종결형 어미는 '~ㄹ는지'가 맞다. '~ㄹ런지'도, '~ㄹ른지'도 아니다.

며칟날 (○) 며칠날 (×) 몇일날 (×)

우리가 여행가기로 한 게 6월 며칟날이지?

'몇'은 어떤 수를 막연하기 이르는 말이다. '몇 월'이라고 사용하는 게 가능하니까 '몇 일'이라는 말도 맞을 것 같지만 그건 큰 오해. '몇일'이나 '몇일'은 사용하지 않는다. 무조건 '며칠'이라고 써야 한다. 마찬가지로 '몇일날'이라는 말 또한 틀리다.
그리고 이 '며칠'의 본말은 '며칟날'이다. '며칠'이니까 '며칠날'일 것 같지만, '며칟날'이 맞다.

무르팍 (O) 무릎팍 (✕)

나 어제 넘어지는 바람에 무르팍 깨졌어.

예전에 〈무릎팍 도사〉라는 TV 프로그램이 있었다. 그런데 아뿔싸!
맞춤법이 틀린 단어를 프로그램 제목으로 사용했네?
'무릎팍'이 아닌 '무르팍'이 맞는 말이다. '무르팍'은 '무릎'을 속되게
이르는 말이다.
여기서 하나 알아두어야 할 것이 있다. TV 프로그램에 나오는 자막
에는 틀린 맞춤법이 비일비재하다는 것이다. 자막도 맞춤법 검사를
필히 해 주기를!

볼 장 (O) 볼장 (X) 볼짱 (X)

볼 장 다 봤으니 이제 그만 빠지겠다는 거냐?

괜히 '볼장'인지 '볼짱'인지 고민하지 말자. '볼장'도 아니고 '볼짱'도 아니다. 이건 하나의 단어가 아니다. '볼 장 다 보다'라는 표현이다. 봐야 할 장을 다 봤다는 말이다.

장을 보러 시장에 갔는데, 장을 다 봤다는 말은 '다 끝났다.' 혹은 '더 이상 할 게 없다.'는 의미 아니겠는가. 자, 볼 장 다 봤으면 이제 집에 가자.

시든 (O) 시들은 (X)

시든 꽃잎이 떨어지네.

어간 끝 받침이 'ㄹ'일 때 뒤에 오는 어미의 첫소리가 'ㄴ, ㅂ, ㅅ, 오, 시'일 때 'ㄹ'이 줄어드는 현상을 'ㄹ탈락'이라고 한다. 즉, '시들다'는 어미에 'ㄴ'이 오면 '시든'이 되고, '꽃이 시드오'가 된다.

'들다'의 경우도 '꽃을 든 남자'나 '진지를 드신다.'와 같이 'ㄹ탈락' 현상이 일어난다. 물론 노래 가사 같은 곳에 '시들은 꽃잎'과 같이 어법을 무시하는 경우가 있는데, 이건 좋게 봐줘서 문학적 허용일 뿐이다.

애먼 (○) 엄한 (✗)

왜 애먼 사람을 못살게 굴고 그래?!

애먼? 외국 사람 이름이냐고? 아니다. 엄연한 우리말이다. 흔히 '엄한'이라고 잘못 쓰이고 있는 말이 '애먼'이다.

물론 '엄한'이 없는 말은 아니다. 하지만 뜻이 전혀 다르다. 엄한(嚴寒)은 극심한 추위를 말한다. '애먼' 대신 '엄한'을 썼다가는 주위 반응이 극심하게 썰렁해질지도 모른다.

어물쩍 (○) 어물쩡 (✕)

그렇게 어물쩍 넘어갈 생각 하지 마.

입에 착 달라붙는 것은 '어물쩡'이지만, '어물쩍'이 맞는 말이다. 아마
도 'ㄱ'받침보다 'ㅇ'받침이 발음하기에 편하다 보니 '어물쩡'이라고
쓰는 것이 아닐까 싶다.
예문처럼 '어물쩍 넘어가다.'의 경우에는 읽다 보면 'ㄱ' 받침이 다음
에 오는 'ㄴ'과 만나면서 'ㅇ'으로 발음되기 쉽기 때문에 더욱 '어물
쩡'으로 잘못 알게 되는지도 모른다.

얻다 (○) 어따 (✕)

지금 얻다 대고 큰소리야?

흔히 '어따'라고 잘못 쓰는 '얻다'는 '어디에다'의 준말이다. 같은 모
양새의 동사인 '얻다'가 있기 때문에 왠지 문장의 중간에 오면 이상
해 보이기는 하지만, 그래도 맞는 말은 '얻다'이다.
'어따'라는 말은 무언가 몹시 못마땅할 때 내는 감탄사이다.
어따, 지금 맞춤법도 제대로 모르면서 얻다 대고 큰소리야?

얽히고설키다 (O) 얽히고섥히다 (X)

그 영화는 사건이 너무 얽히고설켜서 이해가 잘 안 되더라.

언뜻 생각하기에 '얽히다'와 '섥히다'가 합쳐진 단어인 것 같아 보이는 '얽히고설키다'. 그래서인지 '설키다'라는 말이 그저 소리 나는 대로 쓴 틀린 말 같기도 하고, '얽히고 섥히다'로 떼어 써야 할 것 같기도 하다. 그러나 '섥히다'라는 말은 없다는 사실. '설키다'라는 말도 없다. 그저 '얽히고설키다'라는 말이 있을 뿐이다.

엔간히 (O) 엥간히 (X) 웬간히 (X)

제발 엔간히 좀 해라.

'엔간히'는 '엔간하다'라는 형용사에서 비롯된 부사이다. 왠지 표준어 같지 않아 보여서인지 다양한 '짝퉁'이 존재한다. '엔'이라는 글자가 들어간 우리말이 있다는 게 생소한 것이 아닐까. 그렇다고 해서 마음대로 바꾸지 말자. '엔간히'의 본말은 '어연간히'이다.

염치 불고하다 (O) 염치 불구하다 (X)

염치 불고하고 '좋아요' 좀 부탁 드릴게요.

아마 '염치 불구하다'가 틀린 말이라는 것에 놀라기 전에, '염치'와 '불고하다'가 따로 떨어져 있는 것에 놀라는 사람도 분명 있을 것이다. 하나의 단어라고 생각하는 사람들이 있을 정도로 '염치'와 '불고하다'는 바늘과 실 같이 붙어서 사용된다.
참고로, '~에도 불구하고'일 때는 '불구하고'가 맞다.

외곬 (O) 외골수 (O) 외곬수 (X)

너무 외곬으로 생각하지 마.
그분은 30년간 그 분야를 연구한 외골수 학자야.

'외곬'을 써야 할 때 '외골수'를 쓰는 경우가 많다. 예를 들어, 첫 번째 예문을 '너무 외골수로 생각하지 마.'라고 쓰는 것이다. 그러나 '외곬'은 '단 하나의 방법이나 방향'을 의미하고, '외골수'는 '단 한 곳만 파는 사람'을 의미한다. 뜻이 다르니 구분해서 쓰자. '외곬수'라는 말은 아예 틀린 말.

우려먹다 (ㅇ) 울궈먹다 (×)

똑같은 내용을 대체 몇 번째 우려먹는 거니?

'우려먹다'에는 두 가지 의미가 있다. '사골을 우려먹었다.'와 같이 '우려서 먹다'의 의미가 있고, 다른 하나는 이미 썼던 내용을 다시 쓴다는 의미가 있다.

이 중 두 번째 의미의 '우려먹다'를 '울궈먹다'로 잘못 쓰는 경우가 많다. '울궈먹다'의 '울구다'는 '우리다'의 경기도 방언이다.

욱여넣다 (○) 우겨넣다 (×)

더 들어갈 곳도 없는데 그렇게 욱여넣지 좀 마.

아마 왜 '우겨넣다'가 틀린 말인지 의아한 사람도 있을 것이다. 그리고 그 이유는 '우기다'라는 말의 의미에서 비롯된 말이 '우겨넣다'라고 생각하기 때문일 것이다. 즉, '우겨서 넣다'의 준말로 '우겨넣다'가 맞다고 생각하는 것이다. 제법 그럴 듯해 보이지만, '우겨넣다'가 아닌 '욱여넣다'가 맞는 말이니 우기지 말자.

인마 (○) 임마 (×)

인마, 똑바로 못 해?

'임마'가 맞는 말이고 '인마'가 틀린 말이라고 생각하는 사람이 대부분이 아닐까 싶을 정도로 '임마'는 많은 사람들이 사용하는 말이다. 그러나 '임마'는 틀린 말이고, 표준말은 엄연히 '인마'이다. 바로 '이놈아'의 준말. '임마'라고 많이 틀리는 이유는 뒤에 오는 '마'의 'ㅁ' 때문에 '인'이 아닌 '임'으로 발음되기 쉽기 때문일 듯하다.

잊히다 (○) 잊혀지다 (✕)

그 사건은 이미 사람들에게 잊혔다.

'잊혀진 계절'이라는 노래가 있다. 7080세대의 유명 가수가 불러서 크게 히트를 쳤고 계속 리메이크 되는 곡이다.

그런데 이 노래에는 치명적인 문제점이 있다. 바로 제목. '잊혀진'은 맞춤법에 어긋나기 때문이다. '잊다'의 피동사는 '잊히다'이기 때문에 '잊힌 계절'이 올바른 표현이다. 꽤 많은 사람들이 틀리는 표현.

쩨쩨하다 (○) 째째하다 (✕)

단돈 천 원에 뭘 그리 쩨쩨하게 굴어?

우리말 단어에서 잘 쓰이지 않는 '쩨'라는 글자 때문에 맞춤법에 틀린 듯 보이지만, '쩨쩨하다'가 표준어이다. '째째하다'는 틀린 말.

혹은 우리가 사용하는 의미와는 전혀 다른 '현상이 선명하고 똑똑하다.'는 뜻의 북한어이다. 그러니 '인색하다'라는 뜻으로는 '쩨쩨하다'를 쓰도록 하자.

초주검 (O) 초죽음 (X)

이틀 동안 밤새고 일했더니 네가 초주검이 되었구나.

정말 잘 틀리는 표현이다. 하지만 '주검'과 '죽음'의 차이를 생각해 보자. '주검'은 송장, 즉 죽은 사람의 몸을 뜻하고 '죽음'은 죽는 일을 뜻한다. 따라서 피곤에 지쳐 꼼짝할 수 없는 상태는 송장과 같은 상태라고 생각할 수 있고, 이에 해당하는 올바른 표현은 '초주검'이라는 걸 알 수 있다.

추어올리다 (○) 추켜올리다(○) 치켜올리다 (○)

잘한 것도 없는데 자꾸 추어올리지 마.
흘러내린 바지 좀 추켜올리지 그래.
그렇게 치켜올리니까 걔가 기고만장한 거야.

원래 실제보다 과장되게 칭찬하는 것을 의미하는 표준어는 '추어올리다'였고 '추켜올리다'와 '치켜올리다'는 정도 이상으로 크게 칭찬한다는 의미를 가진 '치켜세우다'의 잘못된 말이었다. 그러나 2018년 10월부터 '추켜올리다'와 '치켜올리다'가 '추어올리다'와 같은 뜻을 가진 표준어로 인정되었다. 이 세 단어는 옷이나 물건 등을 위로 가뜬하게 올린다는 의미도 가지고 있다.

치켜세우다 (○) 추켜세우다 (○)

왜 그렇게 눈을 치켜세우니?
별것 아닌 일로 영웅처럼 추켜세우지 마.

정도 이상으로 크게 칭찬한다는 뜻을 가진 말은 '치켜세우다'이고 '추켜세우다'는 '치켜세우다'의 잘못이었다. 그러나 2018년 10월부터 '추켜세우다'도 표준어로 인정되었다. 두 단어는 옷깃이나 신체 일부 등을 위로 가뜬하게 올려 세운다는 의미도 가지고 있다.

턱도 없다 (○) 택도 없다 (✕)

이 일을 30분 만에 끝낼 수 있다고? 턱도 없는 소리!

'턱'은 의존 명사로, 뒤에 '없다'와 함께 쓰여 마땅히 그래야 할 이유를 나타내는 말이다. 혹은 뒤에 '있다'와 함께 반어형으로 쓰인다. "그랬을 턱이 있겠니?"와 같은 식으로 말이다.

'턱'은 주로 어미 '~을' 뒤에 쓰이는데, 예문의 경우 '턱' 앞에 '끝낼 수 있을'이라는 말이 생략됐다고 보면 된다.

파투 (○) 파토 (✕)

이번 주말 약속은 파투야.

화투(花鬪)에서 판이 깨져 무효가 되는 것을 '파투(破鬪)'라고 하는데, 다른 일에도 확장되어 사용된다. 일이 잘못되어 흐지부지됨을 이를 때 '파투'라는 말을 쓴다.

'화투'를 '화토'라는 잘못된 단어로 쓰는 경우가 많은 것처럼, '파투'도 '파토'라고 쓰는 경우가 많다. '鬪'는 '투'로 읽히는 한자이니만큼 제대로 된 말은 '파투'이다.

한가락 (○) 한가닥 (×)

내가 학교 다닐 때는 공부로 한가락 했다고!

'한가락'이라고 하면 "노래 한 가락 뽑다."라고 말할 때처럼 노래와 연관되는 단어라고 생각될지도 모르겠다. 그러나 그때는 수량을 나타내는 '하나'와 곡조를 뜻하는 '가락'을 같이 쓴 것일 뿐이지 '한가락'이라는 말과는 다르다. '훌륭한 솜씨'를 의미할 때 흔히 '한가닥'이라고 틀리게 표현하는데, '한가락'이 맞는 말이다.

핼쑥하다 (○) 헬쑥하다 (×) 핼쓱하다 (×)

너 왜 그렇게 얼굴이 핼쑥해졌니?

정말 헷갈리기 쉬운 단어. '핼'인지 '헬'인지도 헷갈리고, '쑥'인지 '쓱'인지도 헷갈린다. 그래서 맞춤법에 맞게 제대로 아는 사람이 많지 않은 대표적인 단어가 바로 '핼쑥하다'이다. 얼굴에 핏기가 없다는 뜻의 단어는 '핼쑥하다'임을 명심하자.

휑하다 (○) 휭하다 (×)

대문이 휑하게 열려 있다.

'시원스럽게 뚫려 있다.' 혹은 '넓기만 하고 속이 비어 허전하다.'를 뜻하는 표준어는 '휑하다'이다. '눈이 쑥 들어가 보인다.'의 의미도 있다. '휑하다'의 글자가 좀 어려운지, '휭하다'라고 쓰는 사람들도 있는데 그건 표준어가 아니다.

흐리멍덩하다 (○) 흐리멍텅하다 (×)

왜 그리 흐리멍덩한 눈으로 쳐다보고 있어?

우리나라 사람들, 된소리와 거센소리 참 좋아하는 경향이 있다. '정신이 맑지 못하고 흐리다.'는 뜻을 가진 말은 '흐리멍덩하다'이지 '흐리멍텅하다'가 아니다. '멍텅'은 '멍텅구리'에서나 쓰도록 하자.

찾아보기

찾아보기